U0927600

·品读世界历史　汲取无穷智慧·

世界通史

李昕　主编

UNITY PRESS
團结出版社

图书在版编目（CIP）数据

世界通史 / 李昕主编. -- 北京 : 团结出版社,
2021.4
ISBN 978-7-5126-8735-6

Ⅰ. ①世… Ⅱ. ①李… Ⅲ. ①世界史—通俗读物
Ⅳ. ①K109

中国版本图书馆CIP数据核字（2021）第063229号

出　版：团结出版社
（北京市东城区东皇城根南街 84 号　邮编：100006）
电　话：（010）65228880　65244790（传真）
（010）65238766　85113874　65133603（发行部）
（010）65133603（邮购）
网　址：www.tjpress.com
E-mail：zb65244790@163. com（出版社）
fx65133603@163. com（发行部邮购）
经　销：全国新华书店
印　刷：金世嘉元（唐山）印务有限公司

开　本：787 × 1092　16 开
印　张：56 印张
字　数：450 千字
版　次：2021 年 4 月　第 1 版
印　次：2021 年 4 月　第 1 次印刷

书　号：978-7-5126-8735-6
定　价：298.00 元（全四册）

前言

法国历史学家马克·布洛赫曾说：“历史以人类的活动为特定的对象，它思接万载，视通万里，千姿百态，令人销魂，因此它比其他学科更能激发人们的想象力。”历史是国家和人类的传记，而读史可以使人打开通往诸多学科的门径，它不但是过往的印记，更是当代的借鉴、后世的教训。

古人记述历史的范围受限于他们当时所能认识的世界，这可以说明为什么具有悠久历史的美洲直到15世纪末被欧洲人“发现”时，被称为“新大陆”。然而在科技发达的今天，世界越来越像一个大村庄，任何一个国家和地区都是世界历史体系中的一部分。对每一个读者来说，只有了解整个世界历史的进程，掌握人类社会整体发展的各个阶段，树立全球史观，才能正确看待现代人类面临的各种社会现象和社会问题。

然而世界历史漫长悠远，其间发生的历史事件、出现的历史人物错综复杂、头绪繁多，要从总体上把握人类历史的发展进程并不是一件容易的事情。人类从来都是分为不同的群体，在漫长的过去，他们生活在世界的不同地区，创造了有各自特色的文明，这就是人类历史多样化的特点。相应地，对于

世界历史，研究者出版了各种典籍，有的写专门化、不同主题的历史，有的写不同国家和地区的历史，出现了当代历史研究中的细化和碎片化现象，使得普通读者很难找到入门之捷径。针对这种情况，有学者创建了“通史”这种体例，即在一定的历史观的指导下，通过精练的文字连贯地记叙各个时代的史实，涉及重大历史事件、杰出历史人物和多领域的文化等，内容广泛，对世界历史进行现代诠释，给人一种整体的认识。

为了帮助读者在较短时间内了解世界历史进程，丰富知识储备，我们精心编撰了这部《世界通史》。本书以时间为序，选取了世界历史上的重大事件、风云人物、辉煌成就、灿烂文化等内容，力求在真实性、趣味性和启迪性等方面达到一个新的高度，并通过科学的体例与创新的版式，全方位、新视角、多层面地阐释世界历史。全书分为世界古代史、世界近代史、世界现代史、世界当代史四大篇章，精彩扼要地勾勒出世界历史演进的基本脉络和世界各大文明的发展历程。为读者提供想知道也应该知道的历史知识，帮助读者从宏观上把握世界历史，进而掌握人类历史发展的内在规律。

目录

·世界古代史·

·世界近代史·

·世界现代史·

·世界当代史·

附 录

世界古代史

人类的起源

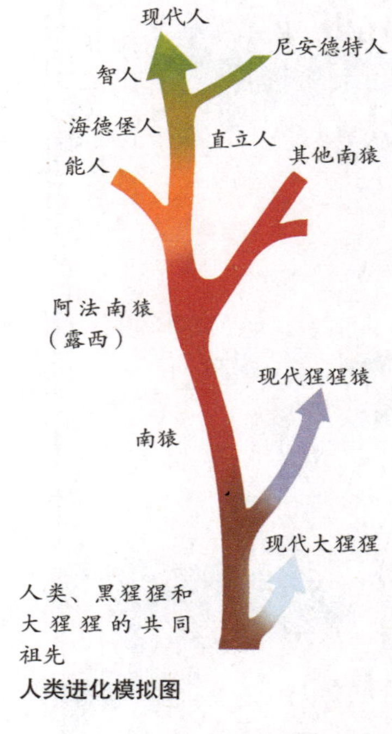

人类进化模拟图

1876年，恩格斯完成了《劳动在从猿到人转变过程中的作用》一文，指出人类是由类人猿发展而来的，经历了攀树的猿群、正在形成中的人和完全形成中的人3个阶段。

人类学家最早发现的古猿化石是原上猿，其生存年代为距今3500万～3000万年前，其次是埃及猿，生存年代为2800万年前，再稍后为生活在热带和亚热带森林地区的古猿。人类学家在欧、亚、非三洲许多地方发现了它们的化石，其生存年代大约为2300万～1000万年前。

腊玛古猿是最早的正在形成中的人，其生存年代大约为距今1400万～800万年前，已最先具备了说话的能力，首先发现于巴基斯坦北部与印度交界的西瓦立克山区，后来在肯尼亚、希腊、中国等地均有发现，主要是下颌骨和牙齿化石。其后正在形成中的人是南方古猿，生存年代为距今550万～100万年前，化石在南非和东非发现，脑容量在450毫升以上。

人与猿的区别在于能否制造工具，而此时正在形成中的人只能利用天然工具，如石块、木棒等，所以说他们还不是真正意义上的人。劳动使猿变成了真正意义上的人，也就是完全形成的人。从完全形成的人发展到现代人经历了四个阶段：早期猿人、晚期猿人、早期智人和晚期智人。

“1470号”人是目前公认的早期猿人的典型代表，其生存年代为距今380万~180万年前，是人类发展的初期阶段。晚期猿人又叫“直立人”，印度尼西亚的爪哇猿人、德国的海德堡猿人、中国的蓝田猿人、北京猿人都是古人类进化过程中比较典型的晚期猿人。尤其是北京猿人的发现，比较明确地揭示了从猿到现代人的

·陕西蓝田人·

1963年7月和1964年5月、10月，考古学家在陕西蓝田出土了中国旧石器时期早期人类化石，简称蓝田人。陕西蓝田猿人大约生活在距今100万至60万年前，化石出土地点有两处，均位于蓝田县境内。陈家窝蓝田猿人生活年代距今约65万至53万年间。公王岭蓝田猿人生活年代距今约98万至67万年间。当时蓝田人的生活地区草木茂盛，有很多种远古动物栖息，其中包括大熊猫、剑齿象、毛冠鹿、斑鹿等。蓝田猿人头骨有鲜明的原始性质：头盖骨极为低平，额骨倾斜明显而尚无额窦。眉骨十分粗壮，于眼眶上方形成一条横嵴。头骨骨壁极厚，脑容量约为780毫升。出土的石制品证明蓝田人已经能够使用多种石质打制工具。蓝田猿人所处的自然环境是秦岭北坡温暖湿润的森林草原地区，从事采集和狩猎劳动。在公王岭出土的猿人化石层中，还发现三四处灰烬和灰屑，可能是蓝田猿人用火的遗迹。

中间状态。北京猿人发现于1929年，其发现地为北京周口店的龙骨山，现已获得40多个不同年龄的男女个体，以及无数的石器、骨器和用火遗迹。北京猿人的身躯比现代人稍矮，男高约1.62米，女高约1.52米，四肢已具备现代人形，脑容量为1075毫升。这一切证明北京猿人已远离猿类而更接近现代人类，更为重要的是，他们可能已经有了自己的语言。

尼安德特人是最早发现的早期智人，简称“尼人”。早期智人的生存年代为距今30万年到20万年前到距今5万年到4万年前。中国的马坎人、长阳人和丁村人均属于尼人。尼人的平均脑容量为1350毫升，体质和智慧比前人皆有很大的发展。晚期智人也称“新人”，其生存年代为距今5万～1万年前。因新人最早的化石是在法国的克罗马农洞窟里发现的，故又名“克罗马农人”。克罗马农人不论在形体、高度，还是在脑壳比例上都有所变化，与现代人基本相同，脑容量平均在1400毫升以上。新人的分布较

南猿

能人

直立人

海德堡人

广，不仅在亚、非、欧三洲发现其化石，而且还分布在大洋洲和美洲。

据人类学家研究证明，在5万年前已有人类从亚洲通过白令海峡进入美洲；在4万年前，亚洲人从东南亚到达大洋洲。

现代人种是和晚期智人同时出现的，人类学家按照人类的外貌特征，把世界上的人分为3个人种：即黄种（或蒙古利亚人种）、白种（或欧罗巴人种）、黑种（或尼格罗人种）。

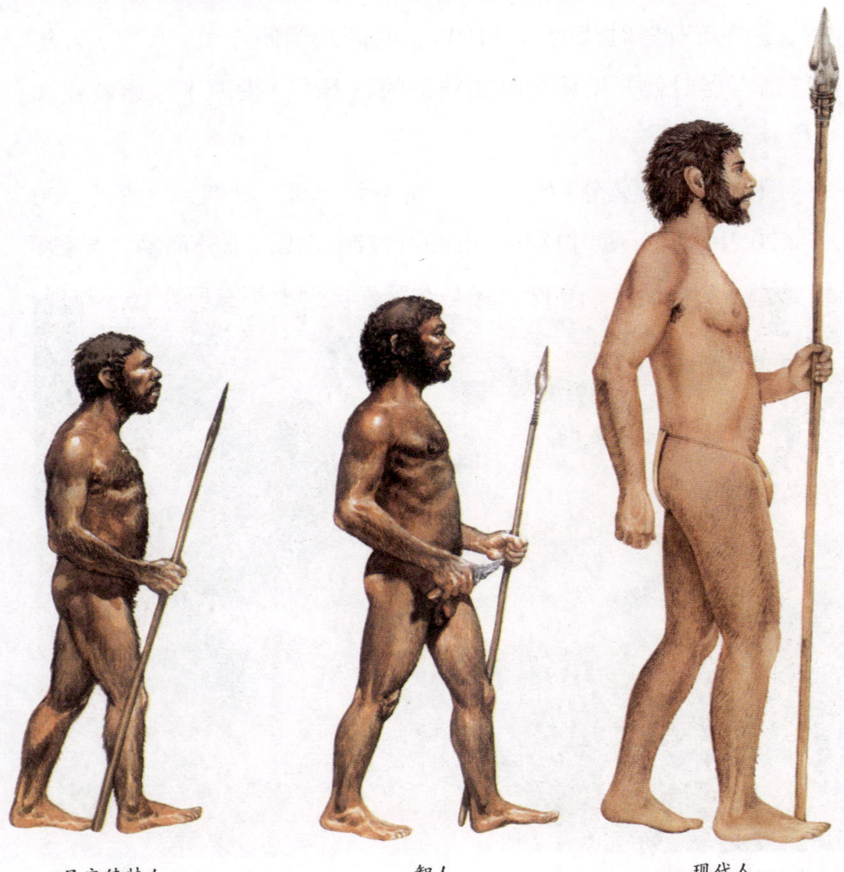

尼安德特人　　智人　　现代人

早期人类文明

石器时代分为旧石器、中石器和新石器 3 个时代。早期人类使用加工粗糙、形状简陋的石器，被称为“旧石器时代”。中石器时代是向新石器时代的过渡阶段，时间约为距今 1.5 万 ~ 1 万年前。新石器时代开始使用打制精细的石器，并发明了原始农业和畜牧业。

旧石器时代又分为早、中、晚 3 个时期。早期约在距今 300 万 ~ 20 万年前，使用的石器由砾石打制而成，十分简陋、粗糙，

氏族公社时期的床铺

·母系社会·

母系社会是原始社会人类发展的一种社会形态，它存在于旧石器时代晚期到新石器时代之间。母系社会实行族外群婚，在这种情况下，人们只知其母，不知其父，因而家族世系也以母系计。这一情况也与当时低下的生产力发展相适应。当时，妇女在社会经济活动中占有重要的地位。妇女一般从事食物采集和照管家务，并且还负有养育子女的重担。而男子的主要经济活动是打猎，由于工具的落后，打猎常常得不到保障，相反，妇女的采集却能较为稳定地保障食物来源。种种因素促成妇女在当时的氏族社会中占有主导地位，因而出现了母系社会，也出现了普遍的女性崇拜。这种社会是建立在生产力水平极为低下的基础上的，一旦生产力进一步发展，这种社会就难以维持下去了，低水平的公有制便为私有制所替代，母系社会也就宣告结束。

与天然碎裂的石头相差无几。中期约为距今 20 万 ~ 5 万年前，人类主要靠采集和狩猎为生。晚期的石器很是美观、适用，同时骨器与角器亦已出现，时间约在距今 5 万 ~ 1.5 万年前。晚期最为引人注目的一点就是使用火，从使用天然火发展到人工取火。人类在实践中对火的发现与使用，开创了历史的新纪元。

中石器时代的时间为距今 1.5 万 ~ 1 万年前。其中，弓箭的发明是这一时期社会生产力发展的主要标志。弓箭的发明，促进了狩猎的发展，使狩猎成为普通的生产形式之一，也使人类可以经常获得肉类食物、皮毛、骨器等生活和生产资料。

新石器时代已经学会在砺石上加砂蘸水磨光，然后再在磨光的石器上钻孔。新石器时代的石器类型非常丰富，有生产用的石

撒哈拉沙漠的岩石水彩画
岩画表现的是正在放牛的早期牧人。在新石器时代晚期，从狩猎经济中产生了原始畜牧业。

斧、石锄；有狩猎用的石球、石箭头；有生活用的石臼、石杵等。骨器种类则有骨针、骨锥、骨匕首等。

新石器时代的生产工具和生产能力得到了进一步提高，从而使人类对自然界有了新的认识，人类便从狩猎经济中发明了原始畜牧业，从采集经济中发明了原始农业。

人类社会的第一个社会组织形式是血缘家族。在血缘家族的内部，已排除了先前的杂乱的婚姻关系，开始实行按照辈分来划分的群内婚。不过，人们只能在某种程度上认清血缘关系，还不能认识到兄妹之间的婚配亦对人的体质有所破坏，直至氏族出现，人类才禁止了兄弟姐妹之间的通婚，由此产生了“普那路亚家庭”。“普那路亚”是夏威夷语，意为亲密同伴，是同妻子的丈夫们之间的相互称谓，也是同丈夫的妻子们之间的相互称谓。

氏族制度便是从“普那路亚”家庭中直接产生的，因为在群婚制下，人只知其母而不知其父，故世系只能按母系计算，此时，最初的母系氏族便产生了。母系氏族最为明显的特点就是一个氏族的所有成员皆来自一位女祖先。

生产的发展、人口的增长使氏族组织亦不断增加，这时候两个氏族之间的群婚难以继续维持，对偶婚便应运而生。在对偶婚的形式下，成年男女在通婚的外氏族中，各自寻找一个配偶，作为自己与其经常发生婚配关系的主要对象，同时也不排除与其他异性发生偶尔的婚配关系。对偶婚实际上是现代意义上的一夫一妻制的最初萌芽。

氏族制度在全盛时期有氏族、胞族、部落等多种组织，它是原始公社发展的顶峰。

当生产力已到一定程度时，人类出现了 3 次社会大分工，同时，一场父权制度取代母权制度的革命出现了，即父系氏族公社得到了确立。

父系氏族体现了以男子为中心的权力主义，于是一夫一妻制家庭取代了对偶家庭。个体家庭的出现削弱了氏族血缘关系，加快了不同氏族、部落之间的人员流动，出现了为了共同经济利益结成的农业公社。

私有财富的出现导致了人类愈演愈烈的财富角逐，这时候，军事民主制便出现了，同时军事民主制也是由氏族制度向阶级社会和国家过渡的一种社会组织形式。

国家的产生

这尊匈牙利的陶像，塑造的是一个拥有权力的重要人物。由于当时农业的发展，他被塑成一个肩搭镰刀的农夫形象。

人类集体劳动的结果使人类产生了语言。为了帮助记忆、传递信息和进一步表达思想，文字便逐渐产生了。文字的发明对人类文化的发展和进步有着举足轻重的作用。在新石器时代，原始人便发明了图画文字，用以表达思想、记载事件。同时，原始人还根据自然界的征兆，对天气的变化进行预测，还制定出太阴历，做了季节的划分。

医药知识、绘画、雕刻、音乐、舞蹈亦在原始人中间出现。克罗马农人可以用燧石做工具进行外科手术。在旧石器时代晚期的遗址中发掘出大量的绘画和雕刻作品，证明了当时人类细致的观察能力和高超的艺术创作能力。在新石器时代的遗址中发现了带孔的小骨管，原始人已经能够用简单的歌曲来表达自己劳动的欢乐、丰收的喜悦了。同时，原始人为了延续这种热情和欢乐，开始表演狩猎、种植或其他各种动作，舞蹈也随之产生了。

原始宗教产生于旧石器时期，在氏族公社时开始繁荣。原始人认为祖先是他们的保护者，因而加以崇拜，在母系氏族公社时女性祖先是他们崇拜的对象。后来因追根溯源，又产生了图腾崇拜，其特点是将某一自然现象或某一动物当成自己的亲属、祖先或保护神加以崇拜。

国家的出现和文字的产生一样，都是人类文明开始的重要标志。国家的产生有一个很重要的前提，那就是私有制和阶级的出现。

在人类追逐财富的战争中，以军事首长为首的氏族贵族集

·父系社会·

随着生产力的发展，社会出现了农业与畜牧业的第一次社会大分工，社会生产的专业化，使母系社会迅速为父系社会所取代。男子在生产劳动中的地位急剧上升，而妇女的劳动则渐渐仅限于附属性的家务劳动了。男子在农业、畜牧业和手工业中成为谋取生活资料的主力军。相伴而生的是婚姻制度逐渐成为一夫一妻的婚姻形态。子女的出身与世系开始按照男子的系统来计算，其财产继承也按照父系家族划分。男子取代了女子而成了家族的核心。

在父系社会里，父系氏族由若干家长制大家族构成。家长制大家族是父系氏族社会的基本社会经济细胞，一个家长制大家族常包括好几代男系亲属。氏族公社内部还保留着民主选举的传统。氏族大会由全体成年男子组成，它拥有最高的权力。氏族议事会由各个大家族的族长组成，而族长则经民主选举，由深孚众望的男子担任。尽管如此，在父系社会里，已经出现了某些社会的不平等，如妇女丧失了与男子平等的地位，各大家族间也出现了贫富的差距。父系社会的进一步发展，导致了阶级的产生和国家的出现，一切共有的原始社会随之解体。

团的权力和财富日益增长，原本为选举而产生的军事首长变为世袭，人民大会也就没有任何作用了。军事首长的职位一般既非终身也不世袭，但随着时间的推移，变化也愈来愈明显。当军事首长的权力范围扩大到部落联盟，甚至对人民大会的决议不加理睬独断专行时，选举制也就变成世袭制。为了保护贵族地位，也为了争夺更多的财富，一个阶级压迫另一个阶级的机关就产生了，这就是包括负责政治的官员、负责武事的军队，以及负责刑事的监狱等一整套统治机构的国家。

国家与氏族最根本的区别是：国家是按地域来划分它的国民，

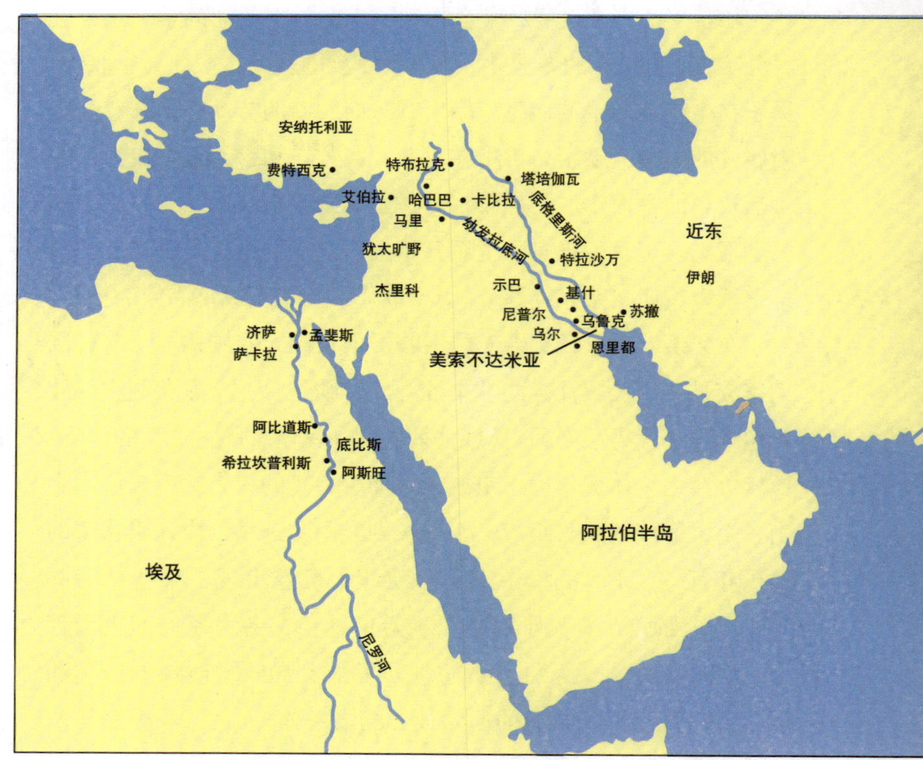

而氏族却是以血缘关系来维系它的成员。

国家的产生致使人类历史从原始社会开始向文明社会过渡。大约从公元前3000多年开始，非洲北部的尼罗河流域以及亚洲西部的两河流域、亚洲南部的印度河流域、亚洲东部的黄河流域逐渐出现了早期的文明古国，人们将其称为“四大文明古国”。在黄河流域的夏商文明出现的同时，以希腊为中心的爱琴海地区也跨入了早期文明国家的行列。

早期的定居社会分布示意图

这些社会形成于公元前 10000 ~ 前 2500 年间，集中于两河流域、尼罗河谷、印度河谷、中国北部平原四个地区，由此形成了“四大文明古国”。

尼罗河文明

非洲北部很早便有居民居住。当时，北非气候温和湿润，雨水充足，渔猎和采集成为居民的主要生活来源。大约在一万年前，最后一次冰河期过去，北非逐渐变为干旱地区，随着环境、气候的变迁，居民陆续迁移到尼罗河两岸。后来他们在这里创造了铜石并用文化，尼罗河文明由此发端。

埃及的铜石并用文化时代，可分为 3 个阶段：巴达里文化、涅伽达文化一期和涅伽达文化二期。这三种前后承接的文化，一般被称为"前王朝文明"。"前王朝文明"表明了埃及从原始社会过渡到奴隶制国家的基本情况。

巴达里文化约从公元前 4500 年开始。当时的居民已有固定的居所，从事农业耕种，兼营畜牧和渔猎。他们种植小麦、大麦、亚麻等农作物，驯养绵羊等家畜，除使用石锄、石刀、石铲外，在这一文化晚期还使用少量的铜制工具，这表明埃及已开始进入铜石并用时代。在手工业方面，埃及居民已经能够烧制

公元前 3500 年的彩纹土器

尼罗河流域示意图

尼罗河流域是人类文明的发祥地之一，尼罗河畔的肥沃土地孕育了古埃及文明。

出一种质地良好的薄壁陶以及独具特色的黑顶陶，同时，织布、缝衣、编篮等也达到相当水平。这一时期的居民在埋葬尸体时，开始供奉食品和用具以供死者之用，可见他们已有了灵魂的观念。但墓葬的规模和殉葬物品的差别不太明显，表明当时人们过着原始公社制的生活。从遗址中发现的女性小雕像来推断，这时妇女在氏族中仍居于重要地位。

约公元前 3600 ~ 前 3500 年，是涅伽达文化一期（也称为阿姆拉文化）。这一时期除在生产技术上较巴达里文化有新的发展外，还有一个很重要的成就，即出现了城市，居住地已有城堡建筑。涅伽达附近的南城就是一个重要的遗址。这一时期的墓地，在规模上有了区别，反映出贫富的分化和社会地位的高低。随着商业的发展，私有制出现了，原始公社制处于瓦解阶段，结合城

·古埃及名城·

孟菲斯：位于尼罗河三角洲之西南岸，开罗南 25 千米。公元前 2925 年兴建，是埃及古王国时代首都。现仅有拉美西斯三世巨石像、阿庇斯圣牛庙和卜塔神庙废墟。

底比斯：位于尼罗河两岸（东岸为主）。约建于公元前 2134 年左右（古王国末期），埃及中王国和新王国时代的首都，有“百门之都”之称。卡纳克神庙遗址和图坦哈蒙法老墓所在地。

开罗：位于尼罗河三角洲入口处。公元前 643 年建立，埃及第一大城兼首都。吉萨金字塔和狮身人面像所在地。

亚历山大：位于尼罗河三角洲西北边缘，地中海沿岸。公元前 332 年建立，埃及第二大城市，托勒密王朝时期首都。是世界七大奇迹之一的法罗斯灯塔所在地。

堡建筑较具规模并有雉堞墙等情况来看，此时已处于军事民主制时期，文明已经萌芽了。

公元前 3500 ~ 前 3100 年为涅伽达文化二期（也称为格尔赛文化），埃及进入阶级社会。这一时期的社会生产力进步明显，在生产技术上发明了冶金术，出现了刀、匕首、斧等冶炼铸造的铜器工具和武器。居民在尼罗河谷地挖渠筑坝，改进耕作技术，发展农业生产。在此时的陶器上经常可看到河上通行舟楫和水渠纵横、阡陌连绵的图画，说明当时人们已很重视水上交通和农业生产。此时，贸易不仅在国内进行，而且与巴勒斯坦、叙利亚等地区也有商业往来。墓葬的规模和殉葬物品与前期有了明显的差别，有些物品还标有私人印记。在希拉康玻里发现“蝎王权标头”图刻，刻有头戴象征王权的白冠的蝎王，其身后有执扇的侍者，还刻有从事劳动的奴隶和以田凫为代表的平民。这幅画深刻地反映了当时埃及的阶级关系：已有贵族与平民、奴隶主与奴隶之间的阶级差别。同时，文明的显著标志——文字，也在这一时期出现。这一切都说明氏族制度已经走到了尽头，国家已经发展起来了。

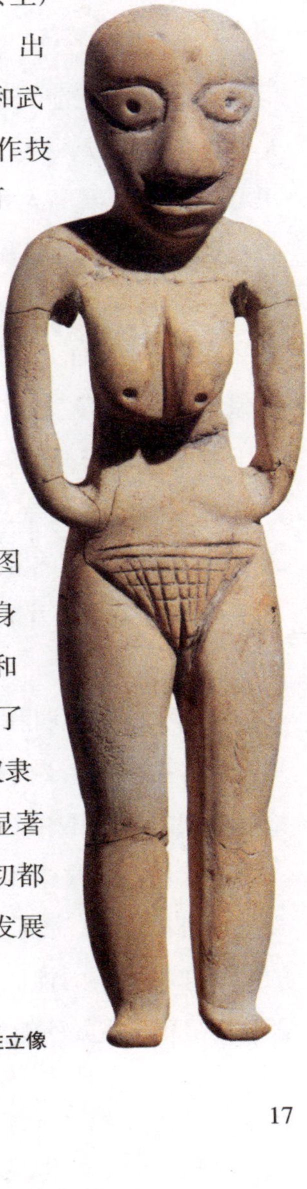

公元前 4000 年的象牙女性立像

古埃及文字和文学

大约在公元前3500年，古埃及人就发明了文字，称为“象形文字”，意为“神圣的雕刻”。后来，在公元前后的几个世纪里，希腊人、罗马人相继统治埃及，希腊语逐渐取代古埃及语。这样，在整个中世纪和近代，象形文字成了一种不再被人们应用的文字。直到公元1799年，法国的拿破仑率军侵略埃及，他的士兵在尼罗河口的罗塞塔上看到一块石碑。这块石碑是用古埃及象形文字及其草书体、希腊文3种文字对照写成的，文中歌颂了国王托勒密五世的功绩。

古埃及象形文字约有700个。一个词要用音符、意符和部首3种字符组成。古埃及语中表音符有24个，实际上是24个辅音字母。这套音符后来传入腓尼基，成为腓尼基字母的一个重要来源。

随着文字的发明和使用，古埃及人又用植物的浆液制成墨水，用削尖了的芦苇管做笔，用尼罗河口三角洲一带生产的芦草制成纸。中王国时期开始普遍使用这种纸作为书写材料。

古代埃及的文学作品大多使用这种纸草文卷。从保存下来的文卷中可以看到，古代埃及文学作品的内容十分丰富。作为最早的文学作品之一的神话，由于受埃及人思想观念变化的影响，埃及神话呈现出变异的趋势，其故事情节经常发生变化。

古王国和中王国时期是埃及文学发展史上的重要阶段。这一时期以教谕文学作品最多，大都是些“预言”“箴言”“训诫”之类的文献，如《对美里卡拉王的教谕》《聂菲尔列胡预言》《伊蒲味陈辞》等。这些作品都具有实用性、启发性和娱乐性，旨在规定和引导人们的道德观念，以达到巩固社会秩序的目的。

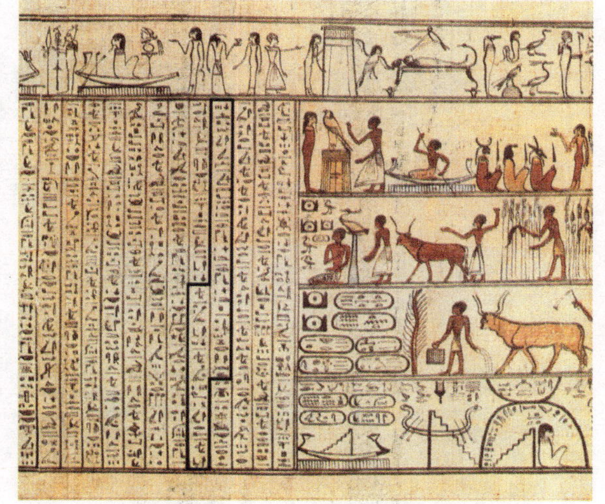

用象形文字写就的祭祀纸草——《亡灵书》中的一章

《亡灵书》是用莎草纸、皮革或亚麻布制成，并饰以各色漂亮的花边。埃及人相信，死人下葬时陪葬一本《亡灵书》，可保证死者的灵魂得以再生。在葬礼上，僧侣须诵读此书，然后随死者入墓。

古王国时期出现大量文学作品，其中散文和诗歌很丰富。如《辛努哈特历险记》讲述大臣辛努哈特因受叛乱事件的牵连而逃到国外，后来得到法老的宽容才得以回到故乡的故事。作者刻画了辛努哈特的思乡之情和落叶归根的喜悦。又如《一个能说会道的农夫》叙述了一个农民向法老申诉凄惨境遇的故事，带有歌功颂德的意味，标榜法老伸张正义。

新王国时期，古埃及文学又得到新发展，散文的故事情节更加离奇、曲折，艺术性很强，思想深刻，已具有现实主义的韵味。

经济与法老制度

人类文明的发源地之一——古代埃及，在涅伽达文化一期和二期时，已出现象征王权的红冠和白冠及象征王衔符号的荷鲁斯鹰神的形象。据记载，古代埃及国王美尼斯创建了第一王朝，此后，埃及经历了 31 个王朝。

通常将埃及法老几千年的统治，称为中央集权的专制主义的君主政治。“法老”一词的原意为“宫殿”，最早出现于埃及古王国时期，中王国时期出现在对国王的颂词中，新王国时期正式成为国王的尊称。根据君主专制王权开始于古王国的史实，史学界把古王国以及以后的埃及国王都称为法老。法老作为古埃及的专制主义统治君主，具有法律、行政、财政、军事、宗教等一切方面的无限权力，实行以个人意志为主导的独裁统治。

在涅伽达文化二期，生产力的发展已进入铜石并用的时代，渔猎经济在生产生活中占有很重要的地位。

古王国时期，铜器的使用已比较普遍，手工业有了较细的分工，陶器的形式多种多样，而且采用彩釉绘画。

中王国时期，已经普遍使用青铜器、桔槔及装有把手的耕犁，并且出现了一个新兴的手工业部门——玻璃制造业。

新王国时期是古代埃及奴隶制经济发展的巅峰时期。首先是生产工具的改进。在青铜器广泛使用的同时，铁器也出现了。冶炼金属已使用脚踏鼓风机给氧，用皮革制成风箱，效率大为提高；出现了立式织布机，织工可同时照看两枚悬式纺锭。农业生产中已使用长柄锤、直柄犁、梯形犁，尤其是多层桔槔连续提水，可把河水输送到更高的地方，进一步扩大了耕地面积。

另外，手工业技术明显提高，能够炼出2米长的金属板并能冶炼六合金的青铜。陶器施釉新工艺已发明。埃及人从希克索斯人那里学会了马拉战车的技术，制造战车的水平也已相当高。

后埃及时期，铁器得到普遍应用，工农业生产和商业贸易繁荣，埃及的纺织品、陶器、金银工艺品畅销到地中海和西亚各地。公元前305～前30年，是托勒密王朝统治时期。这一时期的社会经济发展也很迅猛，农业上出现了用畜力牵动并拴有吊斗的扬水器；传统手工业保持兴旺的势头；对外贸易的范围进一步扩大到非洲北部、小亚细亚沿岸和黑海沿岸等地。另外，还出现了铸造的金币、银币和铜币。亚历山大里亚城成为当时著名的国际贸易和文化交流的中心。

·法　老·

直到埃及的新王国时期，“法老”这个名称才被用来特指国王。在此之前，它表示国王的宫殿朝廷。法老是全国的最高统治者，也是最大的奴隶主，代表整个奴隶主阶级掌握着政治、经济、军事和司法等大权。他把自己称为神的化身、太阳的儿子，所以他的话就是法律，对其臣民拥有至高无上的权力。从图特摩斯三世开始，法老把自己视为神圣不可侵犯的。从此以后，大臣见法老时都要说一番颂词，必须匍匐前进，上胸贴地，吻着法老脚前的尘土，不能随便抬头。

金字塔的兴建

埃及金字塔是法老们的陵墓。法老们死后，尸体被制成木乃伊，存放在金字塔里。

埃及金字塔的建筑群，散布在尼罗河下游西岸的基萨和萨卡拉一带，位于开罗以南 10 多千米处。金字塔的底座呈四方形，每面均以三角形的形状向上砌筑，建成后则成为一个角锥体式的石塔。因为它的四面都形似汉字的“金”字，所以汉语译作“金字塔”。

金字塔的兴建，代表了古代埃及在建筑方面取得的辉煌成就。金字塔既是埃及文化的最高成就，又标志着埃及文化日臻成熟。金字塔、神庙、宫殿等雄伟的建筑物，历经数千年，至今仍闪烁着艺术的光芒。

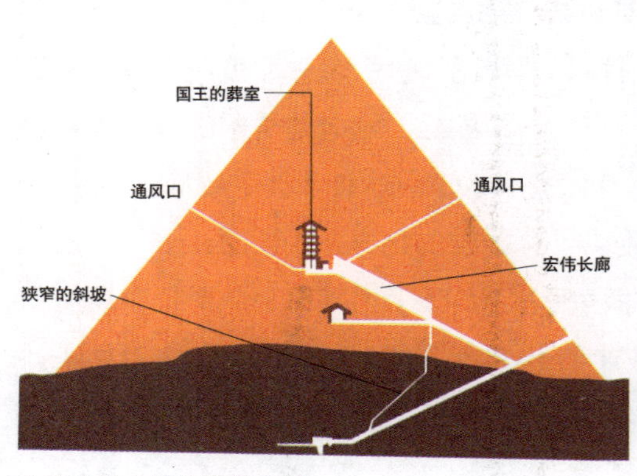

大金字塔内部结构示意图

金字塔作为法老的陵墓，是由早王国时期的马斯塔巴形陵墓发展演变而来的，它体现了王权神化的思想。著名的胡夫大金字塔，高 143.5 米，是法国埃菲尔铁塔建成之前世界上最高的建筑物，被称为世界古代七大奇观之一。

金字塔及狮身人面像

胡夫金字塔，也称大金字塔，位于埃及首都开罗西南约10千米的吉萨高地，它是世界上规模最为宏大，也是较为古老的金字塔，始建于埃及第四王朝第二个法老胡夫统治时期，被认为是胡夫为自己建造的陵墓。根据古埃及宗教理论，只要保护好尸体，人死之后灵魂可以继续存在，3000年以后就会在极乐世界复活并从此获得永生。这与佛教理论中的轮回转世有着异曲同工之妙。有鉴于此，古埃及的每位法老从登基之日起，便着手为自己修建陵墓，以求死后超度为神，胡夫统治时期正逢古埃及盛世，因此他的陵墓规模也空前绝后。

胡夫金字塔原高146.5米，后因顶端受到侵蚀，现在的高度为136.5米，大致相当于40层楼房那么高。在1889年法国巴黎的埃菲尔铁塔建成前，它一直是世界最高的建筑。整个塔身呈正四棱锥形，底面为正方形，占地5公顷，4个斜面分别对着东、西、南、北 4 个方位，误差不超过圆弧的 3 分。底边原长 230.35 米，由于年深月久的侵蚀，塔身外层石灰石存在一定程度上的脱落，目前底边缩短为 227 米，倾斜角度为 51 度 52 分。胡夫金字塔通身由近 230 万块巨石砌成，每块石头重量在 5 吨至 160 吨之间，石块的接合面经过认真打磨，表面光滑，角度异常准确，以至于石块间都不用任何黏合物，全部依靠自然拼接，在没有被风蚀、破坏的地方，石缝中连薄薄的刀片也难以插入，可以想见其工艺之精湛。

胡夫金字塔的入口在其北侧面，距地面 18 米，从入口通过甬道可以深入神秘的地下宫殿，该甬道与地平线呈 30 度夹角，与北极星相对。由此可见，北极星在古埃及人的心目中有着某种特殊的意义。沿甬道上行则能到达国王殡室，殡室长 10.43 米、宽 5.21 米、高 5.82 米，与地面的垂直距离为 42.82 米，墓室中仅存一具红色花岗岩石棺，别无他物，这也正是后来某些考古学家怀疑金字塔不是作为法老陵墓的一个重要论据。

根据古希腊历史学家希罗多德等人估计，法老胡夫至少动用了 10 万奴隶，耗时 20 ～ 30 年时间建造完成。但最新的权威考古学家发现：金字塔应由劳工建造而非奴隶，其主体部分为贫民和工匠，而且采用轮流工作制，工期约为 3 个月。因为考古人员在金字塔附近地区发现了建造者们的集体宿舍等生活设施的遗迹和墓地，以及大量用于测算、加工石料的工具（作为随葬品），而奴隶是不会享受此种待遇的。

胡夫金字塔、哈夫拉金字塔和门卡乌拉金字塔在吉萨高地一字排开，组成灰黄色的金字塔群。这些单纯、高大、厚重的巨大四棱锥体高傲地屹立在浩瀚的沙海中，向世人夸耀着古埃及人的智慧和伟大。其旁边更有气势磅礴的狮身人面像（高约 20 米、长约 46 米）相伴。狮子在古埃及人眼中是力量与神圣不可侵犯的象征，所以法老才选择它为自己守陵，它也确实忠于职守，一守就是 4000 多年。

集巨大、精密、和谐为一体的古埃及金字塔留给人们的不仅仅是建筑史上的奇迹，更体现了古埃及劳动人民在天文星象学、数学、力学等领域的极高造诣。

·奇妙的金字塔·

何为“金字塔能”？它是金字塔形的构造物内部产生的一种特殊的能量，人们借助这种能量可以收到意想不到的奇妙效果。

其一，金字塔能具有保鲜的功能，如将一杯新鲜奶酪放进金字塔，两天以后依然鲜美如初；若将一把锈迹斑斑的钥匙放进金字塔，时隔不久，就会亮光闪烁。

其二，金字塔拥有自动制造“木乃伊”的功能，法国人安乐尼·博维于 1930 年前往埃及进入“国王墓室”，不经意发现误入金字塔的猫和老鼠的尸体，潮湿的墓室环境并未使这些尸体腐烂——它们已然干透，成为新的木乃伊了。

其三，金字塔的空间形态可以使该空间内的自然、化学、生物进程发生变化，捷克斯洛伐克放射专家卡尔·德鲍尔经过实验得出这一结论。一次，他将一把刮胡刀放在金字塔模型中，满以为它将变钝，结果却相反，刀片由此变得更锋利。之后他又用这把刀片刮了 50 次胡子。

最早的太阳历

埃及太阳历

世界上曾经流行过的几种历法，它包括：中国的授时历、欧洲古历法、希腊古历法、巴比伦古历法等。中国古历法根据月亮的圆缺和运行的周期来确定；欧洲的古历法是根据天空中星象的变化来确定的；希腊的古历法也是根据星象的变化来确定的；古巴比伦的历法是根据星象和两河河水的涨落来确定的。在这些历法中一年天数最少的是354天，最多的是384天。

古埃及的太阳历是人类历史上最早的历法，约在公元前4000年前就已出现，这跟尼罗河的定期泛滥关系密切。从某种意义讲，甚至可以说尼罗河的定期泛滥催生了太阳历，所以在这里有必要交代一下尼罗河的情况。

尼罗河，是上源青尼罗河、白尼罗河两条尼罗河在苏丹首都喀土穆汇合后的正式称谓。它全长 6700 千米，堪称世界上最长的河流，它流经坦桑尼亚、卢旺达、乌干达、肯尼亚、埃塞俄比亚、苏丹和埃及等国家，最后向北注入地中海。尼罗河主宰着它流经国家的命运，离开了它的滋润，这里的文明将灰飞烟灭。但由于尼罗河水流缓慢，泥沙不断沉积使河床持续填高，致使多次泛滥成灾，但河水退后，又留给当地人大片沃土。因此，古埃及人需找到其中的规律以趋利避害。

埃及人为了不违农时，发展农业生产，在长期生产实践中逐渐掌握尼罗河泛滥的规律，他们发现两次泛滥之间大约相隔 365 天。同时，还发现每年 6 月的 17 日或 18 日早晨，尼罗河开始变绿，这是尼罗河即将泛滥的预兆。

经过长期观测，古埃及人逐步发现尼罗河泛滥的规律，当它开始泛滥时，清晨的天狼星正好位于地平线上。这一点天文学上称为“偕日升”，即与太阳同时升起，于是这一天便被设定为一

埃及金字塔俯视图

年的第一天。不巧的是，天狼星偕日升的周期并没有很快被发现，智慧的古埃及人也没有放弃，经过几代人的不懈努力，他们终于发现：天狼星偕日升那天与其 120 周年后那一天恰好相差一个月，而到了第 1461 年，偕日升那天又重新成为一年的开始。于是古埃及人设定 1460 年的周期为天狗周（因为他们的神话中称天狼星为天狗）。

我们把古埃及的太阳历与当前的公历做一个简单的对比，就不难发现其科学性：一年的天数为 365 天，继而把一年划分为 12 个月，每月 30 天，末了还剩 5 天则作为宗教节日，就如同我们传统的春节一样也是 5 天，这比精确的一回归年（365.25 天）仅少 0.25 天，120 年后少 30 天，1460 年后就会少 365 天，又接近一年，如此便形成一个完整的周期。这样精妙的历法凝结着无数古埃及

・回归年・

回归年就是太阳绕天球的黄道一周的时间，所以又称为太阳年。回归年是比较常用的年长单位，它的准确定义为，太阳中心从春分点到下一个春分点所经历的时间间隔。这是因为地球上的观察者由于地球绕太阳的公转而产生了太阳在天球上运行的现象，在太阳两次经过春分点的间隔内，地球正好绕日 1 周，是为 1 年。1 回归年平均的长度为 365.24220 日，折合 365 日 5 时 48 分 46.08 秒，现在使用的历法就是以回归年作为基本计量年长的单位。

另外，由于一个回归年的 12 等分——30.4368 日近于两个朔望月时间长度之和，阳历也把一年分成 12 个月，但这里的“月”已与朔望没什么内在联系。

描绘古埃及控制洪水的泥版画

古埃及人根据天狼星的位移和尼罗河河水的涨落情况来确定季节，进而在此基础上确立了历法。这种历法后来就演变成了太阳历。

先民的智慧。

在古埃及，人们运用大量的时间进行天象的观测，特别是对天狼星位置的观测更加细致入微。他们发现，在固定的时间里，天狼星从天空消失，在太阳再次出现在同一位置时，它又从东方的天空升起，这就是一个周年。同时，古埃及人把天狼星比太阳早升起的那一天定为元旦。

古埃及人创制的太阳历对尼罗河流域的农业生产有着深远的影响，这也是古埃及跻身世界四大文明古国的重要标志。正是有了这样一部较为完备的历法作指导，古埃及的先民才得以准确预测尼罗河河水涨落，合理安排农时，做到趋利避害，获得一年又一年的大丰收，从而具备了稳定的衣食之源。在这个物质基础上，古埃及才得以在宗教、建筑和医学等领域创造更加辉煌灿烂的文明成果。虽然每隔 4 年就误差一天，但它使用起来简单方便。后来埃及的太阳历传入欧洲，经过罗马恺撒和教皇格列高里十三世的不断改进，成为今天通用的公历。

印度河流域城市文明

20世纪20年代初，经考古工作者数十年的发掘，在印度河流域陆续发现了200余处城市和村落的遗址，其中最大的城市遗址是摩亨佐·达罗（在今巴基斯坦信德省境内）和哈拉帕（在今巴基斯坦旁遮普省内）。由于哈拉帕遗址发现的时间早些，学者们便把印度河流域的古代文明称为“哈拉帕文化”。印度河流域文明的范围很广，从南到北相距约1100千米，从东至西约1550千米。一般认为印度河流域文明的创造者是达罗毗荼人。

印度河流域文明体现为城市文明，但其基础是建立在农业经济之上的。居民主要的生产活动是务农。这一时期的粮食作物有大麦、

·哈拉帕印章·

发掘显示，属于哈拉帕文明成熟时期的遗址，北起喜马拉雅山南麓，南至濒临阿拉伯海的坎贝尔海湾，东达印度首都新德里附近的阿拉姆吉普尔，西抵今巴基斯坦与伊朗交界，覆盖地域达50万平方千米以上，文明遗址有250多处，比同时期的美索不达米亚文明还要可观。在哈拉帕文化中发现的石制印章，迄今已有2500多枚。它们由天青石、陶土、象牙、铜等各种材质制成。这些印章文字是目前世界上已知最早的文字体系之一，阅读方法也颇为有趣：上一行由左往右读，下一行由右往左读。但是印章文字的内容至今也得不到解读。

小麦，经济作物有棉花、胡麻，另外还有瓜果、椰枣等园艺作物。在畜牧业方面，已驯养的牲畜有水牛、黄牛、象、狗、鸡、骆驼、山羊、绵羊等。这些驯养的动物，既是耕耘、运输的工具，又是人们肉食的来源。在手工业方面，有粮食加工，棉、毛纺织，制陶业，冶金业和珠宝业等。这些行业都促进了商业贸易的发展，当时的商业贸易不仅在印度本土进行，而且与西亚也有贸易联系。

印度河流域出土的文物

印度河流域文明已有了城市建筑规划和极为完善的下水道疏通导引系统。哈拉帕和摩亨佐・达罗两城相距650千米，城市建筑非常相似。它们的周长都在5千米以上，都分为卫城和下城两部分。哈拉帕的卫城是用高达15米、基底厚达12米的砖墙围成的，这里可能是统治者的居住区；下城则为普通居民区。摩亨佐・达罗的建筑规模较哈拉帕更为宏大。卫城的四周设有防御的塔楼，西部可见一处规模宏大的谷仓；南部一组公共建筑物的中心为会议厅，面积约25米见方；东北部的建筑群中有一座很大的长厅。卫城中央有一个公共浴池，长12米、宽7米、深2.4米，南北两端的阶梯延至底部。浴池的北面又有多间小浴室，室内垒砌的高台上置放着水罐，应该是用来提供热水的。联系到普通住宅也大多备有水井及洗浴设施的情况，给人以古城居民特别爱清洁、讲卫生的突出印象。

城内的房屋大都用烧砖砌成，其规模和设施差别很大。穷家小户只有一两间简陋逼仄的小屋，与另一些广宅大厦形成鲜明对比。大户人家有中央庭院，四周环绕许多间房屋，还有大厅。有一幢巨大建筑物内甚至含多间大厅，外带一个储藏库。另有不少引人注目的二层楼房。

人们更讶异于古城的排水系统，其完善程度令人瞠目：二楼冲洗式厕所的水可经由墙壁中的土管排至下水道，有的人家还有经高楼倾倒垃圾的垃圾管道。从各家流出的污水在屋外蓄水槽内沉淀污物，再流入有如暗渠的地下水道。这两座城市，一个在印度河的上游，一个在印度河的下游，表明这两个城市是两个互不相属的国家的都城。

印度河流域文明也创造了自己的文字，这些文字主要保存在各种陶、石、象牙制的印章上。迄今所知属于印度河流域文明的字符约有 500 个。

从遗迹中可以看出，当时印度河流域文明已有了国家，哈拉帕、摩亨佐·达罗等大城市便是早期的奴隶制国家。

自公元前 20 世纪中叶起，属于印欧语系的雅利安人部落，带着他们的战车、人马、畜群、食物和供奉的神龛，一批接一批地从中亚经由印度西北方的山口涌入次大陆。雅利安人最初的故乡在南俄草原，后来驮着帐篷出外漂泊，寻找新的家园。其中进入伊朗高原的一支成为后来的米底人和波斯人，向南的一支进入印度河流域。

“雅利安”意为“高贵的”。这些以“高贵者”自居的白种人，把被他们所征服的皮肤黝黑的达罗毗荼人说成没有鼻子或只有扁平鼻子的、说邪恶语言的人，称其为“达萨”或“达休”（意为敌人）。在漫长的征服过程中，雅利安诸部落同“达萨”之间展开了激烈的战斗。《梨俱吠陀》的《因陀罗（雷雨神或战神）赞歌》这样唱道：

他使万物变化无常；

他使达萨瓦尔那屈服、消灭；

他像赢得赌金的赌博者，拿走敌人的财产。

噢，人们哟！他是因陀罗。

摩亨佐·达罗最终被彻底摧毁了。

摩亨佐·达罗城遗址

由于被弃已久，摩亨佐·达罗古城的某些部位显示出岁月侵蚀的痕迹。值得一提的是古城具有完备的排水系统：一条阴槽以平缓的弧度转弯，以保持排水畅通。

两河流域的早期文明

西亚的底格里斯河和幼发拉底河中下游地区（今伊拉克境内及叙利亚北部一带），是人类最早的文化摇篮之一。希腊语称这块地方为“美索不达米亚”，意即两河之间。与尼罗河相似，两河也是每年定期泛滥，为经营农业提供了便利条件。美索不达米亚平原从西北向东南延伸，形似一弯新月。从公元前 5000 年开始的锄耕农业，至公元前 3500 年，这里已开垦成河渠纵横、盛产大麦和椰枣的良田沃野，因有“肥沃的新月地带”之称。在古代，两河流域北部称亚西里亚，亦称亚述；南部称巴比伦尼亚，亦称示拿。巴比伦尼亚又分两部分，南部称苏美尔，北部称阿卡德。

苏美尔楔形字的泥板

这块插在泥封中的泥板文书记录的是一桩诉讼案：一名叫阿般的人和他的妹妹白塔提分割财产。这桩诉讼案由公元前 18 世纪的国王尼克美帕判决。

两河流域自古以来就是西亚的通道和走廊，各民族交会之地。早在公元前 5000 年，已有苏美尔人居住在两河流域南部。约公元前 3000 年左右，苏美尔开始出现城市国家。

后来的阿卡德人、巴比伦人、亚述人及迦勒底人等，先后在这里建国。多个民族的纷争和占领，无不留下他们各自充满异彩的文化。各种风格互相掺杂，多种渊源汇集，使文化艺术呈现出绚丽多彩的面貌。

早在5500年前，苏美尔人已经发明了文字。他们把字铭刻在石头上；或用斜尖的木棍儿、芦苇秆、骨头等，压刻在黏土做成的软泥板上，再经晒干、烘烤，制成泥板书。这种别致的书写方法，落笔时力度大，速度缓，印痕宽而深；提笔时力量小，速度快，印痕窄而浅，因而形成一头粗一头细的笔画，好像楔子或钉子的形状，故称楔形字或钉头字。一部泥板书包括若干块刻有楔形字的泥板，按顺序放在木架上，供人使用。这种泥板书至公元1世纪才为羊皮书所取代。

楔形字在不同时代、不同地区，书写不同的语言。楔形字泥板图书默然埋藏地下1500年，直到19世纪才被释读成功。

古代两河流域的自然科学中，最发达的是天文学和数学。早在苏美尔时代，苏美尔人就发明了太阴历。他们以一昼夜为一天，以月亮的圆缺、周而复始为一月。他们还把一年分为12个月，其中6个月每月为30天，另外6个月每月为29天，共354天，并设闰月来补足。古巴比伦时代，人们已能将恒星和五大行星区分开，还观察出太阳在恒星之间所走的路径——黄道。后来他们又划分出黄道十二宫。

亚述帝国和新巴比伦时代，人们又把一个月分为4周，每周7天，分别以7个星的神名作为星期日至星期六7天的名称。这就是目前通行世界的以星期分割月份的由来。

《吉尔伽美什》雕刻印章
国王吉尔伽美什将要砍下芬巴巴头的情景，在一旁帮忙的是蓄着胡子的恩奇都。

苏美尔人和巴比伦人在数学方面采用两种计算方法：一种是十进位计算法；另一种是六十进位计算法。古巴比伦时代的数学家已经掌握了四则运算，能求出平方根和立方根，能解出3个未知数的方程式。他们会把不规则形状的田地划分为长方形、三角形和梯形来计算，然后得出面积总和。他们还会计算体积，能估算出一个截顶角锥形地窖的贮藏量。

世界上已知的最早的英雄叙事诗是史诗《吉尔伽美什》。它是古代两河流域最具有代表性的文学作品。这部史诗反映了古代两河流域人民同各种暴力进行斗争的场景，歌颂了为人民建立功勋的英雄和英雄的壮举，同时表达了人们认识自然法则和探索人生奥秘的愿望。

古代两河流域的建筑和雕刻水平也是很高的。公元前22世纪，乌尔大寺塔建成，该塔分4层，自下往上各层面积逐渐缩小。据说当年各层颜色不一样，并各有其象征意义：一层为黑色，象征地下世界；二层为红色，象征人间世界；三层为青色，象征天堂世界；四层为白色，象征日月光明。现在，上三层已化为土丘，每层的颜色已经脱落。亚述帝国时代，最著名的建筑是萨尔贡二世的王宫。该王宫有高大的台基。王宫的大门宏伟壮丽，门的两边各有一高塔，门和塔都饰有玻璃和壁画，前面还屹立着人面牛身雕像。

古代两河流域在雕刻艺术方面有很多代表作。如乌尔王陵出土的金盔、金牛头木琴和乌尔军旗上的浮雕都很有代表性。

古巴比伦王国时期的雕刻代表作是汉谟拉比法典碑上的浮雕。浮雕上的太阳神兼司法神沙马什头戴多层宝冠，威武地端坐在宝座上，神情肃穆，在他面前站立的汉谟拉比恭顺地接受权杖。

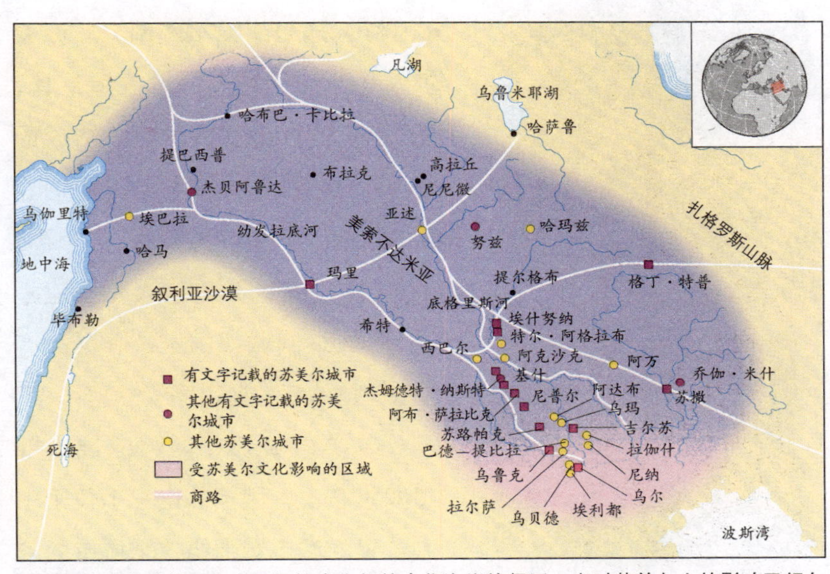

苏美尔的中心地带距离今天伊拉克南部的古代海岸线很近。当时苏美尔人的影响已经向北扩张到整个美索不达米亚。

苏美尔人城邦争霸

底格里斯河和幼发拉底河流域是人类文明发祥地之一。古希腊人称这一地区为“美索不达米亚”，意即两河之间的土地。这一地区的文明被称为美索不达米亚文明。

手持战斧的苏美尔战士

两河发源于土耳其境内，流经伊拉克后进入波斯湾。两河流域大致以今日的巴格达城为界线，分为南北两部分。它的北部为亚述，南部为巴比伦。巴比伦也划分为阿卡德和苏美尔两部分。苏美尔人是两河流域南部的主要居民，公元前5000年左右，他们结成氏族公社，主要从事农业，还饲养绵羊、猪、牛、驴等牲畜。公元前3000年左右起，苏美尔人先后建立起一些奴隶制城邦国家，著名的有乌尔、拉尔萨、乌玛等。

苏美尔城邦在两河流域南部星罗棋布，各城邦都由一个位于中心位置的城市和围绕这个城市的若干个村镇构成，都具有小国寡民的

显示王室军威的军旗

旗中图案详细描绘了公元前 2500 年强大的乌尔军队的一次大捷。从中可以看到驴拉的四轮战车、战车上的驭手和战士，以及手持短矛与敌搏斗的场面、押送俘虏凯旋的情形。

特点。

苏美尔城邦宗教氛围浓厚。每个城市都有几个神庙，其中的主神庙在城邦中的地位最高。神庙是当时城邦的经济中心，拥有很多可耕地。神庙土地属于城邦公有地，不能买卖。到了早王国后期，城邦首领渐起私心，逐渐将神庙土地据为己有。

苏美尔神庙不仅是城邦的经济中心，而且是城邦的政治中心。城邦首领住在主神庙内，是该邦主神最高祭司。他主持祭祀活动，管理神庙经济，监督神庙工作人员。同时，他还主管修筑灌溉运河、城市防卫、战时统率军队、领导城邦会议等世俗事务。

苏美尔城邦的社会结构犹如苏美尔塔庙：高踞塔顶的是城邦首领；其下是由王室高级官员和神庙高级祭司所组成的贵族阶层；贵族以下是拥有小块土地的平民；平民以下是显贵家庭、神庙和宫廷的依附民，他们没有土地，只能临时租种神庙或贵族的土地；社会最底层的是归显贵家庭、神庙和宫廷所有的奴隶，他们一般来源于战俘，也有因极端贫困而被家长卖为奴隶的孩子以及卖身为奴的整个家庭。奴隶的处境非常悲惨，他们只是作为主人的财产和牲畜，并且身上烙有印记，可以被买卖。

苏美尔诸城邦虽然有着语言和文化的一致性，但是邦际之间的关系并不友善。为了扩大领土、控制水利灌溉权以及争夺霸权，各邦之间频繁发生战争。早王国中期，基什取得了霸国的地位后，其国王麦西里姆曾以霸主的身份调解拉伽什与乌玛两邦之间的边界冲突，并为两邦划了分界线。后来，拉伽什逐渐强大起来，其第三代国王安那吐姆征服了巴比伦尼亚许多城邦，号称“苏美尔诸邦之霸主”。

苏美尔的每个城邦都由一群贵族来治理，在战争时期，他们会选出一位首领来统治，直到战争结束。

早王国后期，苏美尔各邦之间的争霸战争更加频繁激烈。经过长期混战，两河流域逐渐形成了以乌尔和乌鲁克为霸主的南方

·《吉尔伽美什》·

《吉尔伽美什》是迄今所知人类历史上最早的史诗，它是两河流域的人民创造出的许多优美的文学作品中最出色的一部。该诗描写了苏美尔人乌鲁克城的国王吉尔伽美什神话式的传奇故事，颂扬了为民建立功勋的英雄，反映了古代两河流域人民征服自然，探索人生奥秘的朴素愿望。这部作品产生于苏美尔城邦时代，以后经过历代人民口头相传、加工锤炼，至古巴比伦时期被编定成书。全诗共 3000 多行，用楔形文字分别刻在 12 块泥板上。

同盟与以基什为霸主的北方同盟。南北两大军事同盟的形成，标志着两河流域南部小邦林立、独立自治局面的结束与地域性统一王国的出现。

在城邦争霸战争中，统治者为了支付繁重的战争经费，不断向人民征收苛捐杂税，从而加剧了城邦内部的社会矛盾。约公元前 2384 ~ 前 2378 年，拉伽什的国王卢伽尔安达横征暴敛，在全国各地派驻监督和税吏，向牧民和渔民收税，甚至夺取了他们赖以为生的驴羊、船只和渔场；手工业者因不堪重税而破产；靠剪羊毛为生的人须向城邦首领交纳银子，甚至主持祭典的神庙大祭司也被迫向城邦首领交纳贡税。在卢伽尔安达的残暴统治下，广大平民无法生存下去，纷纷起来反抗，终于罢黜了卢伽尔安达的王位，推举贵族出身的乌鲁卡基那执政。

乌鲁卡基那执政后，实行了目前所知世界历史上最早的一次社会改革。其主要内容是除弊兴利，即废除前国王的种种弊政，大兴有利于平民的改革。新政禁止以人身保障作为借贷条件、禁止欺凌孤寡以及减轻人民殡葬费用之类的措施，受到民众的欢迎。因为改革的目的是为了缓和拉伽什极为紧张的社会矛盾，以城邦主神的名义恢复正义，扶助贫困，抑制享有政治经济特权的贵族，所以乌鲁卡基那的改革具有进步意义。

乌鲁卡基那改革后 8 年，拉伽什遭强敌乌玛与乌鲁克联军入侵，被兼并而亡。

乌玛国王卢伽尔扎吉西后来又先后征服了乌鲁克、乌尔和拉尔萨等城邦，成为“乌鲁克和乌尔之王”。然而，就在卢伽尔扎吉西大有统一苏美尔之势时，北方塞姆人建立的阿卡德王国兴起了。

阿卡德王国的兴衰

阿卡德王国的创立者是萨尔贡。传说他是一个私生子，出身低贱，家世贫寒。后来他由基什宫廷的一名园丁一跃而为基什国王乌尔扎巴巴的亲信大臣。当基什被乌玛王卢伽尔扎吉西打败时，萨尔贡趁机夺取了政权，建都阿卡德城。

萨尔贡带领军队先后进行了34次军事远征，打败了苏美尔地区50个城邦首领组成的联军，俘虏了乌玛王卢伽尔扎吉西。后来他挥师南下，摧毁了乌鲁克、乌尔、拉伽什等城邦，“洗剑于波斯湾”。萨尔贡统一了两河流域南部，结束了该地区近千年来的分裂局面，在该地区建立了第一个统一的国家。

过了不久，萨尔贡东征埃兰，劫掠苏撒等城市。他还率军北上，不仅征服了两河流域北部的苏巴尔图，而且曾经一度占领小亚细亚的陶鲁斯山区和沿黎巴嫩山脉的地中海东岸一带。萨尔贡自诩为“天下四方之王”。实际上萨尔贡统治的中心地带是两河流域南部。

萨尔贡可能建立了一个中央集权制国家。铭文记载“他使全国只有一张嘴”。他大概把全国划分为若干行政区，以“十时间行程范围”作为一个行政区，其长官从宫廷子弟或阿卡德贵族中选拔。

同时，他也任命一些拥护他的当地贵族参政，以缓和征服者

·神庙大经济·

在苏美尔城邦中，神庙大经济占主要地位。神庙的土地可分为三类：神庙公用地，即神庙公用而由神庙所属人员共同耕种的土地；神庙份地，即分配给神庙服役人员的份地；神庙出租地，即出租给佃户耕种，收取地租的土地。神庙土地是不能买卖的。随着城邦王权的加强，神庙土地多为王室侵吞。除了神庙所有的土地外，其余均为农村公社的土地，这些土地已分配给各个家族，可以买卖。村社农民必须向国家纳税并服徭役。

与被征服者之间的矛盾。

萨尔贡之子里木什统治（约公元前2315 ~前2307年）初年，阿卡德王国又发生了暴动，后来被镇压下去。

阿卡德第三代王玛居什吐苏统治时期（约公元前2306 ~前2292年），土地兼并十分严重，旧贵族家族在逐渐衰落。

纳拉姆辛统治时期（约公元前2291 ~前2255年），阿卡德王国臻于全盛。他曾多次远征，北到亚美尼亚和库尔德斯坦，东至扎格罗斯山，西抵叙利亚和阿拉伯半岛一带，自称“天下四方之王”。

同时，他为了加强王权，派其子和王室官员去一些城市担任要职，或把原来的城邦首领贬为普通官吏。祭司们为了讨好这位“天下四方之王”，将他神化，称他为“神圣的纳拉姆辛”和“阿卡德的强大的神”。纳拉姆辛死后，阿卡德王国逐渐衰落。

约公元前2191年，游牧部落库提人侵入两河流域南部，阿卡德王国灭亡了。

乌尔第三王朝

库提人在两河流域南部统治了近一个世纪后，被乌鲁克国王乌图赫加尔率军击败并被赶出了两河流域。不久，乌尔强盛起来，打败乌鲁克，重新统一了巴比伦尼亚，建立了乌尔第三王朝。

乌尔第三王朝时期，确立并加强了中央集权。该王朝的国王们已集军、政、司法大权于一身，全国被划分为许多地区，由国王派人担任长官。地方长官虽沿袭城邦首领的称谓，但无城邦时代城邦首领的特权，实为从属于中央的地方官吏；贵族会议和人民大会虽然保留了下来，但仅仅是服务于国王的机构。

乌尔第三王朝时期，国王们都非常重视法制。王朝缔造者乌尔纳姆（约公元前 2113 ~前 2096 年）制定了《乌尔纳姆法典》，这是迄今所知世界历史上第一部成文法典。从现在仅存的 20 多条残篇来看，涉及女奴的有 5 条，她们时常遭受强暴、买卖和殴打。有 2 条涉及寡妇，她们的社会地位较之女奴稍好，法典序言提到不允许有势力的人支配寡妇，正文又提到遗弃妻子的男人应赔偿一定数目的白银。

除此之外，法典也涉及普通妇女，她们的社会地位比女奴和寡妇高，但较普通男子卑下。尽管法典中仍残存着让河神澄清妖术罪和妻子被控通奸罪的规定，但有关身体伤害的处罚规定比原始的处罚有了很大的进步。

乌尔纳姆兽身像

乌尔第三王朝时期，经济上最突出的特点是王室经济空前繁荣。王室占有全国3/5的土地，并且在这些土地上建立和经营大规模的农庄、手工业作坊和牧场，在这些土地上从事劳动的主要是半自由民身份的依附民和奴隶。王室经济管理严密，设有许多监工。繁重的劳动使得奴隶尤其是女奴死亡率很高。农忙季节，王室农庄雇佣很多无地或少地的自由民成年男子耕种或收获。这些雇工按日领取的食物报酬比奴隶和依附民多一至二倍。

乌尔第三王朝时期，社会分化明显加剧。日益恶化的处境使许多自由民沦为奴隶，有的因不堪沉重的债务而将妻子儿女卖为奴隶，有的是全体家庭成员自卖为奴。当时私人拥有的奴隶，在待遇上要比王室经济的奴隶稍好，他们可以以家庭为单位在主人家服役，能赎身，也能到法庭作证。但奴隶在法律上仍属主人的财产。

乌尔第三王朝共历五代国王。这些国王经常侵略周边地区，第二、三、四、五代国王都宣称自己是“天下四方之王”，并为自己建了神庙，立了雕像，要求人们定期举行跪拜仪式并奉献祭品。末王伊比辛统治时期，国家遭到东南部埃兰人和西部阿摩利人的联合攻击。约公元前2006年，乌尔第三王朝灭亡，伊比辛也被埃兰人俘获。

克里特文明

黑皂石公牛奠酒器

该器皿用来盛圣液，对米诺斯人来说，公牛有特殊的宗教意义，他们将巨大的石雕牛角放置在神庙和宫殿周围，以表明该地是神域圣地。

克里特文明是由地中海东部克里特岛的古代克里特人（或称米诺斯人）创造出来的文明。早在公元前3000年以前，克里特岛就出现了新石器文化。公元前3000年中期进入金石并用时代，原始社会开始分化解体。到公元前2000年左右，克里特岛进入青铜器时代，出现了早期的奴隶制国家。克里特文明分为早王宫时代和后王宫时代。

早王宫时代（约公元前2000 ~前1700年）是克里特文明的初级阶段。当时奴隶制城邦刚刚兴起，在岛屿中部的米诺斯、法埃斯特、马里亚等地先后出现了王宫建筑，宫殿都用石料砌成，有宽敞的大厅、宫室、仓库、作坊等。青铜器制造技术已相当先进，手工业和农业也已分离。这一时期制造的青铜双面斧、短剑、矛头、长剑以及金质和银质的碗等工艺品，都十分精美。这一时期也出现了文字，并由图画文字发展为象形文字。

后王宫时代（约公元前1700～前1400年）是克里特文明的繁荣阶段。原来被毁的王宫又重新修建起来，而且比以前更加壮观。农业、手工业和海外贸易都很发达。农业上使用犁耕，农作物有大麦、小麦和大豆等；园艺作物有橄榄、葡萄等；手工业方面已经能够制造出一种高头低舷的远航船只。克里特岛同爱琴海诸岛、希腊半岛、小亚细亚、腓尼基、埃及以及西部地中海地区，都有密切的贸易联系。海外贸易成了克里特岛的经济命脉。另外，此时还出现了书写古代克里特语的音节文字——“线形文字甲种”（或“线文A”）。

后王宫时代，克里特岛上的城邦比以前大大增加，此时的克里特岛有“百城”之称。“百城”之中米诺斯的势力最为强大，称霸于克里特岛，并控制了爱琴海中的一些岛屿。已被完整发掘出来的米诺斯王宫，占地2公顷，一般多是三层建筑，并有供水、排水设备；宫中设有“宝殿”、寝宫、神坛、粮仓、地窖、牢房、

米诺斯王朝的王宫遗址壁画

湿壁画是一种绘于泥灰墙上的绘画艺术，这种创作手段是米诺斯文明的主要艺术形式。

作坊、武器库等，结构复杂，曲折通达，有“迷宫”之称。

王宫坐落在爱琴海南端的克里特岛的一座小山的缓坡上，占地面积27000平方米，是一组围绕着中央庭院的庞大而复杂的建筑群。王宫内大小房间约有1500间，宫内楼阁密接，楼道走廊迂回曲折多变，加之许多厅堂馆室在设计上的不对称性，外人很难知道这座错综复杂的王宫的布局。

整个王宫以中央庭院为中心，中央庭院长约60米，宽约30米，是宫内最大的庭院。中央庭院靠西边的楼房是国王办公、祭祀的场所。这里神龛神坛排列整齐，办公集会的厅堂和祭祀大厅金碧辉煌、富丽豪华。此外还有贮藏油、酒，收藏财物的陶罐、库房；中央庭院东边的楼房是国王及王后的寝宫、接待厅及学堂、作坊等生活机构和设施。那上粗下细的圆柱形结构和冬日保暖、夏天通风的折叠门扇，宽敞的浴室内精巧的陶制浴盆及冲水设备，

米诺斯王宫遗址

·爱琴海的传说·

远古的时候，有个名叫米诺斯的国王，他建造了迷宫一般的克诺索斯王宫。为了报复杀死他儿子的雅典人，他强迫雅典人接受每年送九对童男童女作为王宫的贡赋。那些儿童一送到米诺斯王宫，不是因为迷路后饥渴而死，就是被宫内的一头怪兽吃掉。雅典国王爱琴的儿子特修斯不忍，便主动随进贡的童男童女一起到米诺斯王宫，立志要为雅典人民除害。他临别前与父亲约定：如果事情成功了，船只返航时，将黑帆换成白帆。特修斯一行到达克里特岛之后，得到了该国公主的爱情与帮助。聪明而勇敢的特修斯最终杀死怪兽并带上公主，登上了回国的船只。特修斯沉浸在胜利与爱情的喜悦之中，竟然忘了换白帆。当国王爱琴看到驶近的船仍然挂着黑帆时，绝望之中，便跳海自杀。从此，人们就把爱琴国王投海的那片水域称为“爱琴海”。

以及从宫外10千米远的山上把泉水引入宫内的陶制管道和抛物线形的引水沟槽等，无不闪耀着古代科学技术的光辉。

在王宫的墙上，发现了许多壁画。虽然历经几千年，但是它的色泽还很鲜艳，就像艺术家刚刚完工一样。在长廊中，有庆典游行的画卷。在国王宝殿和王后寝室里，有表现国王、贵族的活动和集会以及自然景物的壁画。壁画中的男子们捧着金银器皿，妇女们则穿着镶宽边的长袍。在造型方面，人物一律都呈侧面像，个个体态轻盈，神态逼真；在用色方面，男人被饰以红色，而女人则被绘成白色。

克里特文明衰落后，爱琴文明转入以迈锡尼文明为主的阶段。

迈锡尼文明

阿卡亚人（希腊人的一支）创造的迈锡尼文明（约公元前1500～前1100年），是指以迈锡尼为代表的南希腊的迈锡尼、太林斯、派罗斯等早期奴隶制城邦文明。阿卡亚人于公元前1650年前后，从巴尔干半岛北部侵入中希腊和南希腊。此时他们正处于氏族社会的解体时期，从当时的竖井式的坟墓中可以看出来，随葬品有很大区别。到了公元前1500年左右，规模宏大的圆顶墓代替了竖井墓，同时在迈锡尼、太林斯、派罗斯等地有宫殿和城堡出现。因此，圆顶墓的出现，标志着迈锡尼等地奴隶制城邦的产生和迈锡尼文明的开始。

迈锡尼文明时期，生产力迅速发展，金属冶炼和手工业品的制造技术，超过了克里特文明时期的水平。迈锡尼社会是奴隶制社会，城邦的统治阶级包括国王、将军、贵族、官吏、祭司；政治机构有贵族会议和民众大会；社会的基层组织是公社，首领是长老。土地基本上分为私有和公有两种形式。奴隶多属于国王所有，但也有私人奴隶，他们从事手工业、农业等生产性或非生产性劳动。

迈锡尼文明时期出现了文字——“线形文字乙种”（或“线文B”）。迈锡尼文明时期的建筑艺术有了长足的发展。太林斯城墙厚度达20米，非常坚固。迈锡尼也有高大的城墙和塔楼，其石头城门——“狮子门”以宏伟坚固著称。

公元前12世纪初，以掠夺为目的的迈锡尼率南希腊诸国攻打

公元前 1300 年左右的迈锡尼圆形墓

小亚细亚的特洛伊城。

希腊人率领自己的联合舰队从位于尤卑亚海峡的奥里斯出发，在小亚细亚海岸登陆后，在特洛伊平原上建立了一个巩固的大本营，然后迅速包围了特洛伊城。

特洛伊城地势险要，易守难攻。阿伽门农每次攻打都遭到特洛伊盟军的反击。战争持续了 9 年，双方损兵折将，死伤无数。

转眼进入第十个年头，希腊联军中最勇敢的战将阿喀琉斯因和主帅阿伽门农因争夺女俘而退出了战斗。其好友借用他的盔甲、盾牌和武器去攻城，结果被特洛伊人的统帅、太子赫克托尔杀死。阿喀琉斯知道后怒火冲天，重返战场，要为好友报仇。赫克托尔出城应战，与阿喀琉斯杀得难分难解，最终赫克托尔因体力不支而战死沙场。

特洛伊人见统帅被杀，发起了猛烈的反攻。海伦知道阿喀琉斯的弱点在脚后跟，便帮助小王子帕里斯寻找机会，用毒箭射中

·迈锡尼墓园·

迈锡尼城堡内外有两座墓园。园内有众多王族墓葬，内藏丰富的金银陪葬品，其数量之多为世所罕见（仅其中一墓穴即有870件之多）。工艺水平也很高，其中大多数为克里特产品，也有来自埃及和小亚细亚、叙利亚等地的。圆顶墓不像竖井墓那样只在地下构筑简单的竖穴墓室，而是在地面凿岩和砌石筑成圆形墓室，前有墓道，上覆高冢，室内以叠涩法砌成圆锥状屋顶，形如蜂巢，故又称蜂巢墓。构筑这类陵墓需要较高的石砌工程技术，它的形制虽源自克里特，在迈锡尼却规模益趋宏大。现存最大的一座圆顶墓内高13.2米，墓门高10米，门内过道以一块重达120吨的巨石为盖，可见其工程的艰巨。

了阿喀琉斯的脚后跟。阿喀琉斯中毒身亡，帕里斯也在这场战役中被希腊将士用乱箭射死，战争陷入僵局。

特洛伊城久攻不下，阿伽门农只好采取了奥德修斯的计策。

一连数日，希腊人不再攻城，战场上出现了少有的平静。特洛伊人很奇怪。更奇怪的事发生了，一天早晨，特洛伊人突然发现躁动的希腊军营空荡荡的，海面上高挂着希腊联军旗帜的战舰向远处驶去。饱受战争之苦的特洛伊将士和老百姓欢腾起来，纷纷走出城门，庆祝希腊人的撤走。

突然，人们发现希腊军营中有一个巨大的木马。特洛伊人好奇地围着转来转去，并不明白是什么意思。他们猜测：希腊人攻打特洛伊，激怒了天神，天神派木马降临赶跑了他们。于是，特洛伊将士和百姓纷纷跪祭木马，感谢天神的保佑。特洛伊国王还吩咐手下将这宝物拉到城里。木马太大，城门进不去。国王下令推倒一段城墙，这才把木马拉进城里。

整个特洛伊城沸腾了，为庆祝胜利，一桶桶的美酒被喝得精光，守城将士都昏醉在岗位上。

黎明时分，茫茫的海面上突然闪现灯光，一艘艘战舰向特洛伊疾驶而来。这时，木马的肚子里冲出数十位全副武装的希腊勇士。守城的特洛伊士兵还未反应过来就成了刀下鬼。希腊勇士打开城门，10 万希腊大军如潮水般涌进特洛伊城。10 年未被攻破的特洛伊城瞬间被希腊人占领了。

迈锡尼等希腊城邦虽然获胜，但为时 10 年的战争也大大地削弱了他们的力量，使他们的防御能力大减。约公元前 1125 年，多利亚人从希腊半岛北部趁机入侵，征服迈锡尼诸城邦，迈锡尼文明至此结束。

迈锡尼建筑中的狮子门，以宏伟坚固著称。

古巴比伦王国

乌尔第三王朝灭亡后，阿摩利人在两河流域定居下来，并在那里建立了许多小国。这些国家长期混战，使这一地区尤其是两河南部重新陷入分裂的局面。

重新统一巴比伦尼亚并最后基本统一两河流域的是古巴比伦王国。大约在公元前 1894 年，另一支阿摩利人在其首领苏穆阿布姆的率领下，占据了巴比伦城并建立了国家。古巴比伦王国开始仅仅是一个弱小的并时常向他国称臣的小邦。但到了第六代国王汉谟拉比统治时期（约公元前 1792 ~ 前 1750 年），古巴比伦逐渐强大起来。

·《汉谟拉比法典》的发现·

1901 年 12 月的一天，在伊朗西南部苏萨古城遗址上，由法国人和伊朗人组成的一支考古队正在紧张地进行发掘工作。突然，泥土中浮现出一段经过打磨的黑色玄武石柱残部，石柱上面刻画着浮雕和字迹优美的楔形文字。这种文字在古代是王室专用字体，考古学家由此推测，这块石柱一定记载着相当重要的内容。

石柱的另外两块残部在几天后也被发现。人们将 3 块断裂的石柱拼合起来，正好拼成一个完整的椭圆柱形黑色石碑。经过解读后发现，石碑上的内容正是赫赫有名的古巴比伦国王汉谟拉比制定的一部法典，即《汉谟拉比法典》。

《汉谟拉比法典》石柱的顶部浮雕

此为汉谟拉比向坐在御座上的最高法官、太阳神沙马什祷告的情景。这位虔诚的国王在他的 49 个法柱序言中宣称自己是“诸王之神”“明慧的智者”和“无敌的战士”。站着的汉谟拉比表现得很谦卑。

公元前 18 世纪，汉谟拉比在统一两河流域南部的过程中，建立起强大的中央集权的奴隶主专制国家机器。他总揽全国的立法、司法、行政、军事和宗教大权，并对自己加以神化，自称为伟大天神的后裔。他任命中央各部大臣，委派地方各级官吏。汉谟拉比大力兴修水利发展农业，建立常备军巩固政权，并实行份地与军事义务相关联的兵役制度，同时保护士兵的份地。古巴比伦国家的军事力量因此得以强大。

汉谟拉比在治国方面最突出的政绩就是制定了《汉谟拉比法典》，这是世界历史上第一部比较完备的成文法典。

石碑上的《汉谟拉比法典》原文镌刻在 51 栏内，没有段落划分，各条法律之间也没有空格。后来的研究者将其划分为引言、法律条文和结尾咒语三部分。

汉谟拉比在序言里列举了自己的一系列功绩。正文共 282 条，分为道德、国家和私人社会 3 部分。道德部分地位最高，是神的领域，涉及某些不可饶恕的罪行；国家部分代表王室利益，集中反映维护王室土地、履行兵役、杂役等义务；私人社会部分最为复杂，规定了诉讼手续、盗窃处理、军人份地、租佃、雇佣、商业高利贷、债务奴隶、继承权、伤害、赔偿和奴隶地位等领域。结语则夸耀了汉谟拉比统一全国，建立公正与和平的历史功绩。

刻有《汉谟拉比法典》的石柱

《汉谟拉比法典》刻在一个两米高的石柱上。

《汉谟拉比法典》也存在许多不完善的地方。一方面，法典规定了许多残忍的惩罚手段，光死刑就分为溺死、烧死、刺死和绞死。另一方面，法典还保留了许多原始的习惯法，例如两个自由民打架，如果一个人被打瞎了一只眼睛，对方就要同样被打瞎一只眼睛作为赔偿；被人打掉牙齿，就要敲掉对方的牙齿。依照这种原则，如果房屋倒塌，压死了房主的儿子，建造这所房屋的人就得拿自己的儿子抵命。

此外，《汉谟拉比法典》对奴隶主、自由民和奴隶的规定也不同。尽管对于自由民的处理原则是“以牙抵牙，以眼还眼”，但是如果奴隶主把自由民的眼睛弄瞎，只要拿出一定数量的银子就可了事。如果被弄瞎眼睛的是奴隶，就连赔偿都可以免了。奴隶如果打了自由民的嘴巴，就要被割去双耳。属于自由民的医生给奴隶主治病，也是胆战心惊的。因为，如果奴隶主在开刀的时候死了，医生就要被剁掉双手。

为了巩固奴隶主的统治，法典还规定了一些更严厉的条款：逃避兵役的人一律处死；帮助奴隶逃跑或藏匿逃亡奴隶者，都要处死；如果违法的人在酒店进行密谋时，店主不把这些人捉起来，也要被处死。正是依靠这部残酷的法典，汉谟拉比时代的巴比伦社会，成为古代东方奴隶制国家中统治最严密的国家。

汉谟拉比统治时代是古巴比伦王国的鼎盛时期。他死后不久，王国便迅速衰落。

大约在公元前 1595 年，北方的赫梯人南侵，消灭了古巴比伦王国（又称巴比伦第一王朝）。之后，南方伊新城的统治者伊路买鲁在苏美尔地区的南端建立了一个新的王国，史称“海国王朝”或“巴比伦第二王朝”（约公元前 1595 ~ 前 1518 年）。后来，加喜特人再一次发动军事进攻，从两河东北部侵入两河平原地区，占领了巴比伦并建立了加喜特王朝，即巴比伦第三王朝（约公元前 1530 ~ 前 1157 年）。而后，加喜特王朝又消灭了南方的海国王朝。

加喜特王朝统治两河流域南部近 400 年后，在埃兰和亚述两个强敌的夹击下，加喜特王朝灭亡。之后，两河流域南部又陷入了分裂割据的局面，先后出现了许多为时短暂的地方小王朝。

赫梯帝国的兴衰

赫梯位于小亚细亚东部的哈里斯河（今土耳其安卡拉以东的克孜勒河）中上游地区。使用赫梯语的赫梯人和公元前 20 世纪初迁移来的说涅西特语（属印欧语系）的涅西特人共同创造了赫梯文明。涅西特语是赫梯国家的通用语言。

在公元前 19 世纪中叶，赫梯境内先后出现了一些小国。这些小国之间争战不断，最后库萨尔城的统治者战胜了相邻的小国并不断向外扩张，建立了一个统一的大国——赫梯。公元前 1595 年，赫梯南侵，灭亡古巴比伦王国。此时的赫梯已成为西亚地区的一个强国。

·太阴历·

两河流域的气候条件很恶劣，当地的人们为了知道播种和收获的准确时间，通过对月亮圆缺变化规律的观察，制定了太阴历。一年分为 12 个月，每月以刚刚露出月牙来的这天为开端，以月亮最圆的一天为月中，以月亮又变成月牙的那天为一月的终结。一年 12 个月中有 6 个月，每月为 30 天，另 6 个月每月 29 天，全年共 354 天。这同地球绕行太阳一周的时间相差 11 天多，过两三年就要差一个月，叫“年日不足”，他们就设置闰月加以补充，就是每二年或三年加一个闰月，闰年有 13 个月。汉谟拉比在位时，由政府命令规定置闰，后来逐渐有了固定的周期。

公元前16世纪初期，赫梯陷入了争夺王位的血腥冲突中。到公元前16世纪后期，赫梯国王铁列平为了平息内乱，对王位继承制度进行了改革，史称“铁列平改革”。他规定：“仅让王子中的长子为国王；如果没有长子，则让次子做国王。当王子中没有继承者的时候，则让长女选择的丈夫做国王。”同时他还宣布，以后国王不得残杀其兄弟姐妹；王子犯罪，罪责由其本人承担，不得株连其家属成员。由于改革确立了长子继承王位和王子一人犯罪一人受罚的原则，从而结束了王族内部的仇杀，巩固了统治阶级内部的团结，为赫梯成为西亚霸国奠定了坚实的基础。

一对恩爱的赫梯夫妇的雕塑被刻在他们自己的棺木盖上，这样便可以在未来给予他们的灵魂一个栖息之地。

公元前15世纪～前13世纪初，是赫梯的鼎盛时期。在此期间，赫梯利用有利的外部环境，占领了米丹尼王国大部分领土，并将领土扩张到叙利亚和巴勒斯坦地区，直接威胁到埃及新王国。公元前14世纪末，赫梯与埃及在卡叠石发生了一次大规模的战争。法老拉美西斯二世即位后第五年的4月末，他亲自率领四个军团2万余人从三角洲出发，沿海岸北上，远征叙利亚。在出发的第29日进至卡叠石城附近宿营，此时法老对敌方军情尚无确切了解。

赫梯国王获悉消息后，决定利用卡叠石城地势险峻、易守难攻的天然优势，采用间谍计，诱敌深入，一举歼灭埃及军队。

埃及四大军团以梯队形式向卡叠石进军，法老拉美西斯二世进攻心切，亲自率领第一梯队冲在前面。大军距卡叠石城约 8 千米之遥，前面哨兵突然发现两名行踪可疑之人，慌慌张张向南跑。埃及士兵立即抓住他们。经拷问获知：赫梯国王十分害怕埃及大军，躲藏在卡叠石以北的哈尔帕。卡叠石城内空虚，没有多少兵力，所以他们为保全性命乘机逃跑。法老未加思考，信以为真，认为这是攻克卡叠石城的大好时机。因此，命令部队加速向卡叠石城前进。四路梯队间的距离逐渐拉开。

法老率军攻至城下，才知道中计。而这时赫梯国的军队已按照计划包围了埃及法老的大军，并调集战车向法老身后的第二梯队进攻。

突如其来的进攻使埃及后进部队猝不及防，只好向后败退。赫梯军队又回转身从后面攻击法老的第一梯队。四面受敌的法老立即下令集中兵力向后突围，赫梯军队陷入混乱当中。赫梯国王处乱不惊，重新组织军队，再次向法老进攻。埃及军队左冲右突，杀出重围。但赫梯大军紧追不舍，法老只好命人放出平时养的一群战狮，才得以脱身。

赫梯将士冲入法老军营，被埃及国王携带的财物吸引，纷纷扔下武器，争抢这些财物。埃及第二梯队的残兵与第三梯队会合后又杀了过来，把只顾抢夺财宝的赫梯兵打得七零八落。

赫梯国王将剩余的战车和士兵调集起来，对埃及军队进行了第三次进攻。埃及将士奋勇抵挡，双方死伤无数。忽然，赫梯军队的后方一片混乱，喊杀声震耳，原来是埃及的最后一支梯队赶到。埃及军队为之一振，将士们作战更加勇猛。赫梯军队腹背受敌，阵脚大乱，士兵伤亡惨重。赫梯国王无力再战，只好下令收兵，退守卡叠石。

在这次战役中，赫梯方虽然略占上风，但叙利亚的归属问题仍然没能解决，致使双方在此后的16年中战事不断。到公元前1296年，双方无力再战，不得不缔结了银板和约。银板和约是用赫梯的楔形文字雕刻的，后来又用埃及的象形文字把和约内容刻到埃及一个寺庙的墙壁上。这份和约是最早的国际条约，也是世界上最早的和平条约。

公元前13世纪后期，赫梯不断遭到亚述的侵略，国势逐渐衰败。公元前13世纪末，“海上民族”入侵浪潮席卷了东部地中海地区，赫梯遭到了致命的打击，从此四分五裂，一蹶不振。到公元前8世纪，亚述帝国消灭了残存的赫梯小国。

赫梯文明最主要的成就有两个：一是在公元前20世纪中叶左右，在世界上最早发明了冶铁术并最先使用铁犁；二是在公元前15世纪末至前14世纪初，编定了一部史称《赫梯法典》的书籍。从法典的条款可以得知，军事贵族享有特殊权力，奴隶制已经相当盛行，畜牧业、农业、手工业都很发达，并有银质的货币开始流通。

赫梯帝国的狮子门

亚述国家的产生与扩张

亚述地处河岸凸起、多山、富有矿产和木材资源的两河流域北部（今伊拉克北部的摩苏尔地区）。这里的居民大多是讲塞姆语的亚述人，也包括一些逐渐同亚述人融合了的胡里特人。古代亚述的文明史可分为早期亚述、中期亚述和亚述帝国（新亚述）三个阶段。

早期的城市国家亚述（约公元前30世纪末至前20世纪中叶），是在亚述城基础上形成和发展起来的。它实行的是贵族寡头政治，与苏美尔的城邦首领相似，权力有限。另外还有名年官和乌库伦。名年官是每年从长老会议成员中选出来的，以其名命名该年。乌库伦是长老会议指派的一个管理司法和土地的官员。

大约在公元前19世纪末，沙马什阿达德（约公元前1815～前

这是一幅刻在亚述宫墙上的浮雕，再没有什么比与雄狮竞斗这种血腥的体育运动更令亚述国王兴奋了。

·亚述贵族的狩猎·

休闲娱乐并不是现代人的专利，大量出土的泥版和雕刻艺术显示，几千年前的人们也懂得打发休闲时光。美索不达米亚人的休闲生活十分丰富，包括聚会、听音乐、舞蹈、嬉戏玩耍等娱乐性活动以及狩猎、体育、拳击等竞技性活动。亚述贵族最喜欢的娱乐活动是狩猎。亚述本来就是一个尚武的民族，具有黩武主义特征。亚述贵族喜欢狩猎与之有密切联系。几乎所有亚述时期的浮雕、雕像、铭文都记载过亚述人的狩猎活动。对亚述国王来说，狩猎也是一场战争，猎杀动物可以展示国王的军事素质，炫耀自身强大的实力，达到让人们拜服的目的。这样，贵族就将娱乐和统治很好地结合在一起，是一项一举两得的活动。另外，亚述贵族的狩猎活动还带有浓厚的宗教色彩。射杀狮子等凶猛的野兽被视为神灵赋予国王的神圣职责。亚述人还建有面积巨大的“动物公园”，里面圈养着许许多多动物，如狮子、瞪羊等。国王、大臣等贵族会将这些野兽驱赶到某个地方集中猎杀，有时候也会采用网猎的形式。目前这项运动在世界上已经绝迹了。

1783 年）以暴力手段夺取了政权。他积极向外扩张，吞并了玛里，让其子担任那里的统治者。他还把扩张推进到地中海东岸，逼迫周围许多国家纳贡。他是亚述第一位名副其实的、有别于伊沙库的国王。他曾为亚述城制定物价，将全国领土划为地区或省。沙马什阿达德死后，亚述曾遭到古巴比伦王国汉谟拉比的沉重打击。到公元前 15 世纪，亚述又处于小亚细亚东南部和两河西北部的米丹纪王国的控制之下，沦为藩属达一百余年。早期亚述也就此结束了。

公元前 15 世纪初，米丹尼由于受到赫梯的沉重打击而日渐衰落。亚述趁机独立并得以复兴，从此进入了中期亚述时期（约公元前 15 ～前 9 世纪）。在此时期，亚述不断发动对外扩张的战争。公元前 13 世纪，中亚述灭亡了米丹尼。中亚述到提格拉特帕拉沙尔一世（约公元前 1115 ～前 1077 年）统治时期强盛一时，提格拉特帕拉沙尔率军向南攻陷和劫掠了巴比伦城，向北血腥征伐了小亚细亚与亚述之间的安那托利亚部落。但是，从公元前 11 世纪开始，游牧的阿拉米亚人开始大批侵入亚述地区，将亚述领土弄得四分五裂，中期亚述再度衰落了。

中期亚述时期，在王权加强、君主制统治形式确立和经济发展的条件下，出现了一部成文法典——《中亚述法典》。从法典的有关条文来看，土地私有制已经出现了，土地可以买卖。破坏田界和侵占他人土地者会受到严重的经济处罚和身体惩罚。债务奴隶制在这一时期也成为一种普遍的社会现象。与汉谟拉比时代关于负债的人质在债权人家只服役 3 年的规定不一样，中期亚述时

缀有象牙图案的亚述厚绒布

期负债的人质在债权人家里服役是无限期的。中期亚述时期的奴隶境况极为悲惨。法典规定，如果奴隶从某自由民之妻手中得到任何一件东西，都应受割鼻耳之刑，并追回原物。

公元前 10 世纪末，亚述在西亚、北非的一些强国先后衰落的国际环境下，具备了再度崛起的条件。此外，公元前 9 世纪铁器的广泛使用，也促进亚述经济的迅速发展和亚述军队武器装备的更新，从而为亚述侵略扩张和建立帝国奠定了雄厚的物质基础。

亚述文化博采西亚各国之长，而且具有自己的特点。在尼姆鲁德、尼尼微、豪尔萨巴德等地均发现亚述时期的宏伟的宫殿、神庙和其他建筑。建筑物饰有大量浮雕，有很高的艺术水平。亚述巴尼拔所建尼尼微王家图书馆，藏有大量泥版文书，包括宗教神话、艺术作品、天文、医学等，是研究亚述历史的重要资料。亚述位于底格里斯河西岸，在伊拉克摩苏尔之南 150 千米。它为古亚述王国的第一个都城，也是古亚述人的主神的神庙所在。20 世纪初期，德国考古队来此发掘，发现其内城有圆墙围护，城东滨底格里斯河，在此建有大型码头。城西和城南则有一系列坚固的防御工事。已发现宫殿遗址 3 座，最老的宫殿为沙马什 · 阿达德一世所居。

印度的吠陀时代

印度的“吠陀时代”，大约是从公元前1500 ~前600年的这段时间。“吠陀”的原意为“知识”或“神圣的知识”。它实际上是印度世代口头流传下来的古老的宗教、文学典籍，也是婆罗门教的经典。

吠陀共有4部，全称为《吠陀本集》。其中最古老、最重要并具有文学价值的是《梨俱吠陀》，它所反映的社会时代被称为“早期吠陀时代”，是指约从公元前1500 ~前900年的这段时间；其他3部吠陀——《沙摩吠陀》《耶柔吠陀》和《阿闼婆吠陀》以及解释这些吠陀的作品，反映的社会时代较晚，因此称之为“后期吠陀时代”，是指大约从公元前900 ~前600年的这段时间。

早期吠陀时代的历史主要是指印欧语系的游牧部落——雅利安人从伊朗高原逐渐入侵印度河上、中游和恒河上游的历史，也是雅利安人与当地居民进行暴力冲突和生息共处的历史。

早期吠陀时代的雅利安人尚未进入文明社会和国家阶段，他们仍过着氏族部落生活。当时，他们的社会组织有部落（噶那）、氏族（维什）和村（哥罗摩）。每个部落包括若干个村，每个村由许多家族组成。有些部落已组成部落联盟。

大约在公元前1000年，少数先进的部落开始过渡到奴隶制国家，原来的部落军事首领“罗阇”转化为世袭国王。

有梵书记载的神话说，当初诸神和魔鬼们发生战争，而诸神屡受挫败。经过总结分析，认识到失败的原因在于缺少一个王。于是，他们选出了王，从而打败了魔鬼。又有一说是，当国家产生以前，人民生活于自然状态中，其时弱肉强食，生命得不到保障。

于是，大家选出王来保护自己的生命财产，百姓则奉献贡赋给王作报酬。“罗阇”（王）实际上是军事首领，其权力受长老会议（萨巴）和部落成员会议（萨米提）的限制。这表明，当时的雅利安人已进入军事民主制时代。

后期吠陀时代是一部分的雅利安部落进入文明和国家的时代，也是种姓制度与婆罗门教形成的时代。后期的吠陀时代，有些早

森严的种姓制度

印度的种姓制度沿袭了许多世代，而且越来越复杂，演变出了数以千计的亚种姓。“萨蒂制”产生于种姓制度。“萨蒂”印度语意为“寡妇自焚为丈夫殉葬”，如图所示。

先的部落或部落联盟的军事首领罗阇已变为国王了。

国王加冕时须举行盛大的祭典仪式，以示王权得自神授。有实力和雄心的国王，还要举行盛大的“马祭”活动。

他选定一匹骏马，让这匹马任意奔驰，后面跟随士兵，所到

·种姓制度·

种姓一词在梵文中叫“瓦尔那”，意为“颜色、品质”，故而种姓制度又叫瓦尔那制度。这种制度起源于入侵的雅利安人实行种族隔离的企图。之所以这样做，是因为当地人在数量上和文明程度上都远远超过他们。

婆罗门种姓为祭司贵族，属于第一等级，掌握神权，传授圣书，地位最高。刹帝利种姓为军事贵族，或称武士阶级，包括国王和各级官吏，属于第二等级。刹帝利意为“权力”，把持国家的军事和行政大权。吠舍种姓为一般平民大众，包括农民、牧民、手工业者和商人等，属于第三等级。他们是没有任何特权的普通公民，必须按规定缴纳赋税。属于第四等级的首陀罗种姓，包括被征服的土著居民和雅利安人中的贫穷破产者，地位最低下。他们从事各种繁重、卑贱的劳动，其中许多人沦为雇工或奴隶。

在种姓制度下，人的社会地位是由其家庭出身决定的，职业世袭不变，种姓之间严禁通婚。不同种姓的男女结合，所生子女被排斥于种姓之外，称为“旃陀罗”，即“贱民”。他们被认为是“不可接触者”，最受鄙视，其社会地位比首陀罗还要低。

印度的种姓制度自形成后，沿袭了许多世代，而且越来越复杂，在四种姓之外，又演变出了数以千计的亚种姓。

之处，如果当地国王敢于阻挡，就对之开战。满一年后，将此马带回，用做牺牲，向神献祭。能举行马祭的国王可以称为大王，处于霸主地位。

在后期吠陀时代，随着雅利安人国家和婆罗门教的形成，种姓正式成为一种严格的等级制度，共分为4个等级，分别是婆罗门、刹帝利、吠舍及首陀罗。

后期吠陀时代，婆罗门教有了一套比较复杂的教义。后人将其概括为“梵我一致”论和“业报轮回”说。

这种说法，认为梵即梵天，是世界唯一、永恒、真实的存在，是宇宙的本源和主宰，犹如蜘蛛吐丝一样，一切生命和事物皆发源于梵。

并认为人死后其灵魂不灭。灵魂可以转生到另一个躯壳里。第二个躯壳死，灵魂再转生到第三个躯壳……如此轮转不已。一个人重新转生到何种躯壳里，要取决于他过去的行为——“业”（羯摩），“行善的成善，行恶的成恶”。

作为维护高级种姓和统治阶级利益工具的婆罗门教，是一种相当复杂和烦琐的宗教。

后来它遭到新兴宗教（如佛教、耆那教等）的反对。大约公元8世纪以后，婆罗门教演变为印度教。

意大利半岛文明

远在旧石器时代，意大利半岛就有人类居住。当时人们在洞穴中居住，使用石刀、石斧等粗陋的石器工具。大约从公元前5000年开始，意大利的远古居民进入了新石器时代，已经能够建筑房屋、制造陶器，开始驯养家畜，主要以渔猎为生。公元前2000年初期，意大利人的祖先从北方越过阿尔卑斯山进入意大利半岛，并创造了以特拉马尔文化为代表的意大利青铜文化。“特拉马尔”是意大利语“沃土”的意思，指居民住宅废墟上的肥沃土地。特拉马尔文化遗址遍布于意大利北部的波河中游和下游，年代为公元前1600年左右。特拉马尔文化的村落都有一定格局，有严密的社会组织。有的考古学家认为，它的村落方阵布局也曾影响日后罗马的城市和兵营设计。特拉马尔文化将除使用石器和骨器外，已经广泛地用青铜制造的镰刀、箭头、斧子和宝剑等。在渔猎经济存在的同时，已知居民从事畜牧和农业，考古发现有麻、豆、麦种，牲畜有马、牛、羊、猪、狗等。出土器物包括黑色光滑的轮制陶器，青铜武器有矛头、短剑和两面刃的长剑。

大约在公元前10世纪末期，意大利进入铁器时代，出现了著名的微兰诺瓦文化。此时，农业和畜牧业又有了很大的发展，并产生了原始交换，出现了某种设有围墙的城寨。农业是他们主要的生活来源，有专营生产工具、武器以及青铜器物的公社，这些都表明原始社会即将结束。

在公元前8世纪左右，伊达拉里亚人进入意大利半岛，建立了一些城邦。伊达拉里亚文化受希腊文化影响但又别具特色。他们所建立的城市，都有坚固的石造城墙和整齐的街道，沿海设有港口，内陆建有灌溉系统，农业为重要的经济命脉，制陶和冶金技术也比较发达，雕刻、绘画技艺非常精湛，生产和生活中已使用奴隶。其全盛时期的势力范围，北达波河流域，南至坎巴尼亚，罗马王政时代的后期便处于他们的统治之下。

公元前8～前6世纪，爱琴海地区的希腊人侵入南意大利和西西里岛，在那里建立了许多殖民城市。希腊人的殖民统治，不但将希腊的社会政治制度带到意大利，而且在这一地区广泛传播希腊的工艺、建筑以及文化的许多成就，促进并丰富了意大利半岛的文明。

在马尔扎博托出土的这两个雕像是公元前5世纪青铜枝状大烛台的一部分。

希腊的“荷马时代”

公元前11～前9世纪的希腊历史通常被称作“荷马时代”，它因《荷马史诗》而得名。

荷马时代的社会较迈锡尼时代来说，确实是一种倒退，遍及希腊的氏族部落完全淹没了迈锡尼文明。但生产力水平却有很大提高，突出表现在希腊已从青铜时代进入铁器时代。考古学家在这一时代发现了用铁制成的斧、锄、刀、剑等生产工具和武器，还发现了铁匠作坊。《伊利亚特》中提到给射鸽运动员的奖品就是铁斧。铁器的发明，极大地促进了农业生产的发展，人们学会用双牛拉犁，在平原、盆地种植大麦、豆类等作物，在山坡丘陵栽培橄榄、葡萄。农业的发展既提供了较多的生产资料，也刺激了分工的发展。手工业已脱离农业，成为独立的生产部门，出现了金属制造、纺织、皮革、造船等行业。生产的发展使商品交换应运而生。不过当时是以物易物，用于交换的主要物品是金属和牲畜，特别是牛，既是交换媒介，也是主要的财产形态。据《伊利亚特》介绍，此时的物物

荷马与诸神 浅浮雕

交换有两种类型：一是以牛易物，一是以牛易人（奴隶）。此外还有馈赠等其他形式。

当时的阶级分化已初露端倪，动产的私有制已显而易见，不动产（土地）的私有制似乎也已产生。氏族贵族占有较多较好的土地和大量牲畜，村社农民只能耕种小块份地，失去份地的农民有的充当雇工，有的沦为乞丐。奴隶制已经产生，奴隶主要来源于战俘和被拐卖的人。男奴多用于放牧，女奴多用于家务和纺织，直接参与农业和手工业生产的奴隶还很少见。

·《荷马史诗》·

荷马，相传是古希腊两大史诗《伊利亚特》和《奥德赛》的作者。他是公元前 9 ~ 前 8 世纪时一位朗诵史诗的盲艺人，他根据口头流传的篇章，整理了这两部史诗。《伊利亚特》写的是由于特洛伊王子帕里斯骗走了斯巴达王后海伦，引发希腊联军讨伐特洛伊的十年战争。史诗集中描写第十年希腊英雄阿基琉斯和伊利昂城主将赫克托尔之间的决战，以赫克托尔的死告终。其中阿基琉斯是一个理想的部落英雄形象。《奥德赛》则写战争结束后，希腊主将奥德修斯返乡途中的海上冒险和机智地维护自己的财产、与妻儿团聚的故事，它的形成比《伊利亚特》稍晚，反映了奴隶制度萌芽时期的生活场景，体现了对私人财产的捍卫，并通过奥德修斯之妻佩涅洛佩的贞洁勇敢提倡新的家庭道德规范。两部史诗的结构巧妙，布局完整，塑造了众多英雄人物，被称为“英雄史诗”。史诗基本主题是热爱现实，肯定人的奋斗精神，强调对人生采取积极进取的态度。

希腊城邦制国家

在荷马时代末期，铁器得到普遍推广，希腊社会的经济也加快了发展速度，农、工、商业均有突出发展。与此同时，希腊在同东方频繁交往的过程中，大量汲取并利用了东方文明的丰硕成果，从而使希腊人站在较高的历史起点上，建构了不同于东方的国家体制。

由于社会经济的发展，两极分化进一步加剧，围绕土地、债务等问题，贵族与平民之间展开了激烈的斗争。在斗争中，原始公社制渐趋崩溃，代之而起的是阶级压迫的工具——国家。在希腊，国家的普遍形式便是城邦。希腊城邦的形成方式和途径大致分为三类：一类是在早期移民和后来大殖民运动中建立的城邦；一类是在氏族制度解体并征服其他居民的过程中建立的城邦；另一类是在自身氏族的制度解体和阶级分化的基础上通过“改革”产生的城邦。

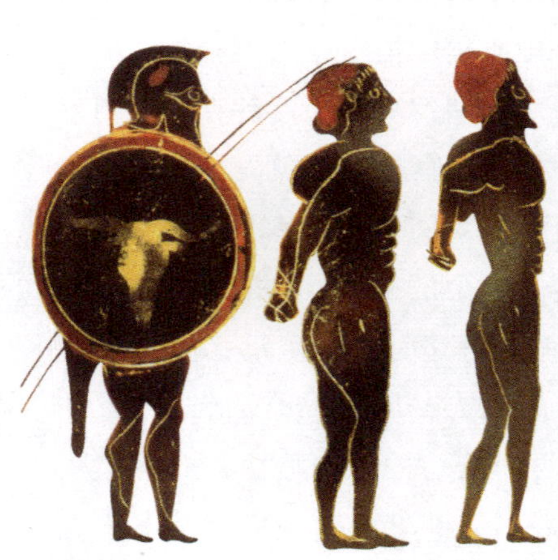

古希腊奴隶

奴隶的社会地位最为低下，低于希洛人、受契约束缚的农奴和被有条件正式解放的奴隶以及自由民。

城邦形成初期，贵族政治得到普遍实行，一切权力集中于由军事民主制时代的长老议事会转化而来的贵族会议

希腊犁车

古希腊人实行家庭制农业系统，各户独自种植粮食，经常采用的农具是这种人力牛犁车。随着缓慢的农业发展与日益增长的人口之间的矛盾产生，向外扩展殖民地便成了一种途径。

手中。稍后，由于经济的发展，加之以平民为主的步兵逐渐取代了贵族骑兵，平民地位日益提高，他们向贵族政治提出挑战，要求打破贵族在政治上一统天下的局面。在对立双方势均力敌的城邦，一度出现了僭主政治。但随着对立双方力量的消长，有的城邦经过平民反对贵族的斗争而建立了民主政治，雅典就是一个例子；有的因贵族力量强大，建立起贵族寡头政治，如科林斯。长期维持贵族寡头统治的城邦只有斯巴达。

希腊半岛平原狭小，耕地较少，而且土地贫瘠，粮食产量不能满足日益增长的人口所需，爱琴海上的岛屿更是如此。倘若遇上自然灾害，粮食更是短缺，一部分人在故土无以为生，被迫背井离乡，去海外谋生，开拓殖民地。如公元前7世纪后期，铁拉岛上大旱，因而不得不采取抽签的方法，从两兄弟中选出一个外出殖民。由于土地私有制和商品经济的发展，也促使无地或少地的平民成群结队地前往遥远的海外寻求土地，谋求生路。从而形成了一个希腊历史上空前的大殖民运动浪潮，因之，古风时代又称“大殖民时代”。

最初的殖民运动是自发进行的，除上述主因外，还有多种情况，比如有的城邦为了缓和国内矛盾，把异己的“危险分子”遣往海外。

如公元前8世纪末，斯巴达无公民权的“处女之子”因为没有分得土地，而与希洛人（国有奴隶）结盟，密谋起义，败露后便被强令外出殖民。有一些在国内政治斗争中失势的个人或集团，为逃避迫害，往往也选择离开故地，漂泊异域，建立新居。有的则因家乡被外族占领，不甘于受奴役而远走他乡。也有人出于不愿甘居人下的念头，而到新地方另立门户。更有一些人为某地富庶美好的传说所诱惑，出海寻找自己的乐土。这些人往往具有冒险和进取精神，富有追求自由、独立、平等的理想。

自发组成的殖民团体一般都不大，到新地方后即修筑城堡，聚居在一起，以防止土著居民攻击或海盗劫掠，同时选出元老院掌理政务，这些同舟共济的殖民者就成为新城邦的平等公民。公民享有分配的土地，并通过公民大会参与政事。公民中也有平民

·城　邦·

城邦是早期国家的一种类型，以古希腊国家为代表。词源可追溯至古希腊文“波利斯”，原有城堡、国家、公民集体、城市之意，中文意译名“城邦”。希腊城邦约二三百个，形成时间、途径和背景不同，但有如下几个基本的共同特点：小国寡民；多数以一个设防城市为中心，结合周围农区组成；均有一个小范围的、极端封闭的公民集体；与公民集体的存在相适应，希腊城邦在政体中均包含民主制成分，共和政体居多；城邦军事制度的主体是公民兵制；城邦无独立的祭司阶层，公职人员兼祭司职能。除古希腊外，意大利、腓尼基等地中海沿岸地区也曾出现过与古希腊城邦相同的早期国家形态，比如早期罗马的公民公社。这类国家有时也被称作城邦。

和贵族之分，那些最早的开拓者无疑便以其“立国”的功勋而享有更多的利益和荣耀。后来，随着人口增长和社会经济发展，许多城邦开始有计划地组织公民外出殖民，以掠夺土地、奴隶、原料和市场。

当时，黑海沿岸地区尚处于原始社会阶段。在小亚细亚，赫梯帝国已经崩溃，吕底亚尚未兴起；在西方，除了腓尼基人的一些殖民地外，没有什么强国。所以，希腊大殖民运动得以顺利进行，范围不断扩大。在意大利半岛南部、西西里的东部和南部、今法国的马赛等地以及西班牙沿岸、小亚细亚沿岸、马其顿和色雷斯沿岸、达达尼尔海峡和博斯普鲁斯海峡两岸、黑海四周等广大地域内，逾百个殖民地城邦先后建立起来。其中较著名的有科林斯人建立的叙拉古、斯巴达人建立的塔兰托、迈加拉人建立的拜占庭、米利都人建立的奥尔比亚等。这些子邦往往采用母邦的政制、文字、历法、宗教、习俗等，在城市内建有母邦所信奉的神祇的庙宇。

对于希腊人来说，殖民不啻一次地理大发现，它极大地拓展了希腊世界的范围，开阔了希腊人的眼界。通过殖民，希腊本土与地中海、黑海地区成为一个有密切经济文化联系的整体，这既有利于希腊吸收东方文明成果，也推动了落后地区的文明进程。殖民运动促进了工商业和海上贸易的发展，使工商业奴隶主的政治经济实力进一步壮大，也加强了平民阵营的力量，有助于平民反贵族的斗争和民主政治的建立。殖民运动的进一步发展巩固了希腊的小国寡民的城邦制度，使其始终未像东方国家一样，建立统一的专制帝国。

强大的亚述帝国

亚述帝国（约公元前8～前7世纪）的建立，是通过不断的军事征服逐渐完成的。为亚述帝国的建立奠定基础的是公元前9世纪前期的亚述王那西尔帕二世（约公元前883～前859年）。他率领军队打败了阿拉米亚人，洗劫了美索不达米亚和叙利亚，对北面的乌拉尔图予以重创，扩大了东部山区疆界，挥师直达西部的腓尼基海岸。

亚述帝国的创建者是公元前8世纪后期的提格拉特帕拉沙尔三世。他执政后进行了众多领域的改革。军事方面的改革主要是把常备军划分成七八个专门的兵种，如重装步兵、攻城兵、战车兵、骑兵、工兵、辎重兵等。同时他还改善了武器装备，军队里配备了铁制的弓箭、刀枪、盔甲等，制造并使用攻城用

这头人面带翅公牛大约在公元前710年由萨尔贡二世建造，大约有4米高，重达14吨，充分显示了亚述人的雕刻艺术。

的投石机、冲城器和云梯。通过军事改革，亚述军队成为当时西亚、北非最强大的军队。亚述国王提格拉特帕拉沙尔三世把亚述人好战的习性体现得淋漓尽致，征服是他最大的欲望，每一次对外的征服都助长了他扩张的野心。公元前 745 年，提格拉特帕拉沙尔三世以协助平定反乱为名，在巴比伦国建立了亲亚述政权。公元前 744 年，亚述人率先向东北开始扩张，顺利征服了米底各部落。

两次征战的胜利，助长了提格拉特帕拉沙尔三世的扩张欲。公元前 743 年他率领大军进攻大马士革城。大马士革城体坚固，守城将士和城中百姓，奋勇杀敌，拼死保守大马士革。亚述国王见久攻不下，急忙调集投石机，向大马士革城内发射巨大的石块和熊熊燃烧的油桶。投石机是古罗马和中世纪时代的一种攻城武器，凭借金属外壳的保护，机内的将士可把巨石投进敌方的城墙和城内，造成破坏。

一时间，整个大马士革城一片火海，城内士兵和百姓都无心继续守城。亚述将士还用装有巨大金属撞角的攻城槌对城门和城墙发起攻击，大马士革城被攻陷。

亚述国王对大马士革人的顽强抵抗极为恼火，命令士兵大肆屠杀城内军民，还让战俘躺在削尖的木桩上，直到死去。

亚述国王的暴行使周边震惊，以色列、叙利亚、巴勒斯坦及阿拉伯等 19 国结成联盟，在黎巴嫩山区展开了对亚述人的反抗会战。亚述人凭借精良的装备及训练有素的将士击败了联军。

19 国联军俯首称臣后，亚述国王开始北伐乌拉尔图。乌拉尔图倚仗险峻的地势和顽强的抵御，使亚述人连胜势头有所收敛。

亚述军队步兵像

在国王提格拉特·帕拉萨三世时代，亚述人建立了一支当时世界上兵种最齐全、装备最精良的常备军，分为战车兵、骑兵、重装步兵、轻装步兵、攻城兵、工兵等。

然而，亚述人不甘心，又转而西征，并大获全胜。公元前714年，亚述再次北伐，国王率大军翻山涉水，抄小道直奔乌拉尔图的腹地。乌拉尔图守兵猝不及防，锐气尽挫，整个穆萨西尔城被亚述人洗劫一空。

对外征服是亚述国的传统，不管是哪届国王，都充满了征服的欲望。

萨尔贡二世统治时期（公元前722 ~前705年），亚述继续向外扩张领土。萨尔贡二世刚一即位就发兵攻陷了撒马利亚，消灭了以色列。公元前714年，他又大举进攻乌拉尔图，攻占其圣城穆萨西尔。到阿萨尔哈东执政（公元前680 ~前669年）时，他于公元前671年率军越过西奈半岛，击败埃及军队并占领了埃及首都孟菲斯。最后到亚述巴尼拔统治时期（公元前668 ~前627年），亚述军队又攻陷了埃及古都底比斯，彻底消灭了东方的埃兰。至此，亚述的版图达到了最大规模：东起伊朗高原西部，西临地中海东岸，西南至埃及，北抵乌拉尔图，南濒波斯湾。这时的亚述已成为一个地跨西亚、北非的属于铁器时代的大帝国。

被征服地区的人民不断反抗，亚述社会内部的各种激烈的矛盾斗争，直接导致了亚述帝国走向衰亡。

帝国末期，亚述周围出现了一些强国——东方的米底、北方的吕底亚、南方的迦勒比（新巴比伦），这也是导致亚述帝国走向衰亡的重要原因。

公元前655年，埃及摆脱了亚述帝国，重新独立。公元前626年，巴比伦尼亚的迦勒比人宣布独立，建立了新巴比伦王国。以后，它同米底结盟共同进攻亚述。公元前612年，两国联军攻陷亚述帝国的首都尼尼微。公元前605年，亚述西部的最后一个据点卡尔赫米什也被攻破，亚述至此宣告灭亡。

“血腥的狮穴”尼尼微

公元前8世纪后期，亚述国已经成为两河流域最强大的国家。亚述国王对不肯投降而在战争中失败的国家，报复极其残酷。破城之后，亚述士兵残酷地对待着城里的人们，敲碎他们的头颅，割断他们的喉管，火烧他们的房屋，抢走他们的财产，还掳走他们的妻子和儿女。

公元前743年，亚述军队攻陷了叙利亚首都大马士革。由于城中军民拼死抵抗。城破之后被亚述士兵斩下的头颅，竟然堆成一座小山。亚述人还把成千的战俘，绑在上端削尖的木桩上，让他们在痛苦中慢慢死去。对于孩子，亚述人也不肯饶过，统统杀掉。城中所有的贵重物品，都被运回亚述。

由于亚述帝国统治者侵略的种种暴行，作为亚述帝国都城的尼尼微便被称为“血腥的狮穴”。

腓尼基

腓尼基位于地中海东岸北部的狭长沿海地带。它不是一个国家的名称，而是一个地区、一个民族的名称。

公元前30世纪末~前20世纪初，腓尼基境内出现了许多独立的城市国家。其中著名的有西顿、推罗、乌伽里特、毕布勒等，由于这些独立的、面积狭小的城市国家之间彼此对立和互相攻伐，加之又地处周围一些强国向外扩张势力的碰撞点上，所以它们经常遭到强国的侵略和操纵，成为强国的附属品。

公元前20世纪中叶以后，腓尼基诸城市国家处于埃及和赫

这是在公元前8世纪时腓尼基人象牙雕刻上的图案：一只母狮撕咬着一个少年。腓尼基工匠经常从非洲沿海地区的商站进口大象长牙，并因制作这样的雕刻而出名。

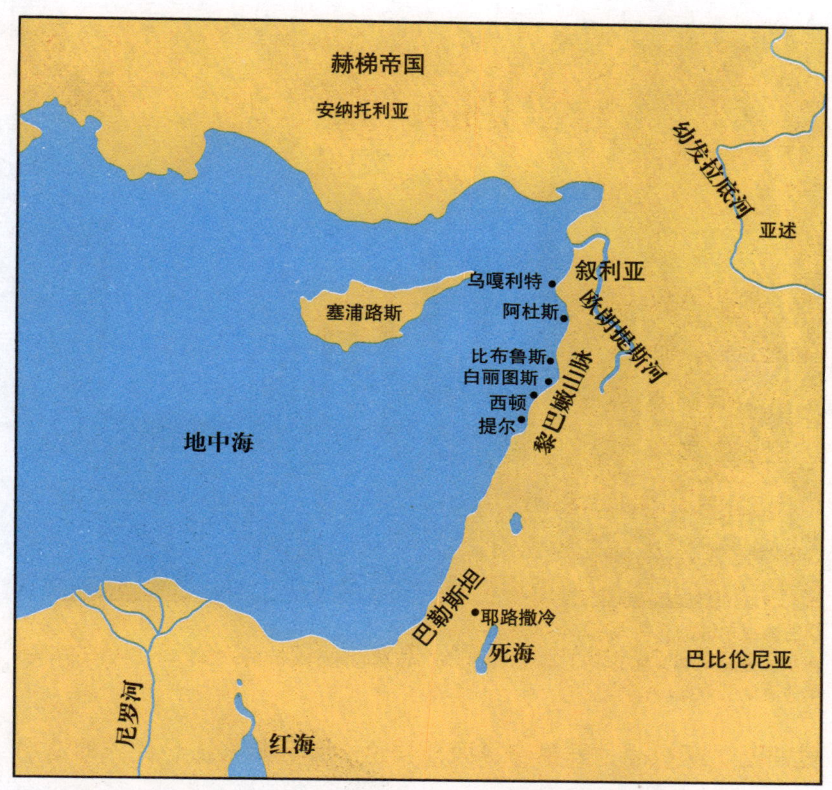

腓尼基水手们从他们的位于地中海东岸的城邦乘船去远处广阔的地方冒险，并在西西里岛、撒丁岛和伊比利亚半岛建立了贸易站和殖民地。

梯的统治之下，后来又遭到海上民族的入侵。虽然他们在公元前10世纪左右一度独立和复兴，但公元前8世纪以后，又遭亚述帝国和新巴比伦王国的侵略。到公元前6世纪，波斯帝国兼并了腓尼基。

由于腓尼基的手工业、商业和航海业都很发达，使它在许多领域影响着地中海一带地区。手工业中享有盛名的是染织和造船。腓尼基人能从海生贝壳动物身上提取紫红色颜料，经这种颜料染

黎巴嫩提尔城的列柱大街

提尔城是腓尼基文化的中心，据史料记载，该城始建于公元前 2750 年，在公元前 969 年前后达到鼎盛。

过的毛、麻织品，鲜艳夺目而不褪色。腓尼基人还是优秀的造船者，他们用黎巴嫩山上的雪松制造出来的船只，远近闻名。腓尼基的商业更为著名，腓尼基人有“商业民族”之称。早在公元前 30 世纪，腓尼基各城市国家就与埃及、两河流域以及叙利亚的埃勃拉国有着贸易往来。从公元前 20 世纪起，腓尼基商人就在小亚细亚沿岸、爱琴海诸岛、塞浦路斯和黑海沿岸建立了不少商业区。公元前 10 世纪前期，腓尼基人又向西部地中海发展。公元前 10 世纪 ~ 前 6 世纪 400 年间，腓尼基人垄断了地中海贸易。在经商的过程中，他们建立了许多商业据点和殖民城市，其中最著名的是在公元前 9 世纪末建于北非沿岸的迦太基。腓尼基人还是古代勇敢而又智慧超群的航海家。公元前600年左右，埃及法老尼科曾委托腓尼基人乘船围绕非洲航行，历时3年获得成功。

腓尼基人在公元前13世纪创造了腓尼基字母文字。据说，一个名叫卡德穆斯的腓尼基工匠，一次在别人家干活忘记了带一件工具，便拿起块木板，用刀在上面刻画些什么，吩咐奴隶送给家中的妻子。卡德穆斯妻子看完木片，二话没说就交给奴隶一件工具。原来卡德穆斯在木片上刻下的便是第一个腓尼基字母。久而久之，腓尼基文字便逐步传播开来。

腓尼基字母比当时的象形、楔形文字更实用，因为它在象形文字和楔形文字外形基础上抽象出一系列简单的符号，组成22个字母。这套字母是线形符号，没有元音，只有辅音。腓尼基字母因通俗易懂和书写简便，后来便传播到了东西各地：向东传入阿拉米亚人居住区，形成了阿拉米亚字母，而阿拉米亚字母又演变出印度、阿拉伯、亚美尼亚、维吾尔等字母；向西传入希腊，希腊人在此基础上加入元音，创造了希腊字母，而希腊字母派生出的拉丁字母和斯拉夫字母后来发展成为西东欧各国字母的基础。

·玻璃的发现·

相传，玻璃是由古代腓尼基商人偶然发现的。一次，一支腓尼基船队在运输天然碱途中遇大风浪，只得靠岸。这些商人便从船上搬下一些碱块在沙滩上砌灶做饭。第二天，海上已经是风平浪静。正当他们收拾好锅灶上船起锚之时，忽然发现岸上有许多珍珠一样闪闪发光的东西，这便是世界上最早的玻璃。

新巴比伦王国的崛起

亚洲西部的幼发拉底河和底格里斯河，自西北向东南流经今天的伊拉克境内，注入波斯湾。古希腊人把两河流域称作“美索不达米亚”。两河文明最著名的代表是巴比伦，所以人们又把西亚文明统称为巴比伦文明。西亚古文明与埃及文明同时在公元前3500年开始，但西亚历史几经曲折兴衰后，又有波斯、安息与萨珊的1000多年发展，这时埃及则因丧失独立而使文明断绝，所以西亚文明的演变也较埃及复杂而长久，它最后由中世纪的阿拉伯文明继承为东方文明的一大支系。

汉谟拉比建立的统一国家并不稳固。公元前1750年汉谟拉比死后，其国势由盛转衰。国内阶级矛盾尖锐，奴隶逃亡斗争和租税债务问题突出。阿比舒统治时期颁布的诏令反映了这一社会矛盾。在阿比舒王给另一些地方官的诏令中，多次提及催交租税的问题：有催促地方官员贡纳牲畜的，有催促商人交纳税银的，也有催促商人向神庙交纳贡税的，还有兄弟之间因债务纠纷请求国王予以裁决的……可见，社会经济的紊乱和王权的衰落，导致了社会阶级矛盾的激化和社会秩序的混乱。外族的不断入侵和骚扰，更加速了王国的衰落过程。在萨姆苏伊鲁纳统治时期，东北部山区的加喜特人日益强大，不时侵袭巴比伦，逐渐成为巴比伦的严重威胁。以后又有乌鲁克、伊新等地的暴动。约公元前1595年，古巴比伦王国终于被北方入侵的赫梯人所灭。

公元前630年，居住在两河流域南部的加勒底人趁亚述帝国内乱之际，逐渐取得对巴比伦尼亚地区的控制权。公元前626年，亚述人任命迦勒底人领袖那波帕拉萨为巴比伦尼亚总督，率军驻守巴比伦。他到巴比伦后，却发动了反对亚述统治的起义，建立了新巴比伦王国（公元前626～前539年）。新巴比伦王国又称迦勒底王国，与曾被亚述灭掉的那个古巴比伦王国没有什么关系，故而人们在其前面加上个“新”字，予以区分。

伊什塔尔城门复原图

新巴比伦国王那波帕拉萨有个能干的儿子，就是尼布甲尼撒二世。他从少年时代起跟随父王南征北战，勇敢机敏，身先士卒，深得全军将士的爱戴。公元前607～前605年，新巴比伦王国与埃及第26王朝为争夺势力范围不断发生冲突，新巴比伦军队处于下风，被迫放弃了一些重要据点。公元前605年，老国王任命尼布甲尼撒担任统帅，指挥新巴比伦与米底联军进攻亚述的残余势力。联军与埃及法老尼科二世增援亚述的军队遭遇，双方在幼发拉底河西岸的卡尔赫米什展开激战。联军士兵如同潮水般涌向敌阵，埃军遭到惨败。一位新巴比伦诗人形容失败后狼狈逃跑的埃及人“好像圈里的肥牛犊，/ 他们转身后退，/ 一齐逃跑”。尼布甲尼撒对溃败的埃军穷追不舍，终于在哈马什地方将其全歼。

这年8月，那波帕拉萨去世。其时尼布甲尼撒正在叙利亚和巴勒斯坦一带作战。得到消息后，他立即马不停蹄，星夜赶回巴比伦。但因路途遥远，回到巴比伦城时，已是老国王死去20多天以后了。一路上尼布甲尼撒还担心国内会发生不测，结果什么事情也没有发生。他当天就登上王位，并很快得到王国所属各城的拥戴。

伊什塔尔女神门

公元前605年，尼布甲尼撒率军出征亚述的残余势力。画面再现了大军出城途经伊什塔尔女神门的情景。

尼布甲尼撒二世在位期间（约公元前605～前562年），是新巴比伦王国最强盛的时期。

在尼布甲尼撒二世统治期间，王国政治稳定，奴隶制经济有较大发展，手工业和商业达到两河流域历史上的最高水平。为显示文治武功，尼布甲尼撒大兴土木，扩建巴比伦城，使这个西亚最繁荣的商业中心，同时成为西亚最壮观的城市。全城占地41平方千米，由护城壕、外城墙、内城墙三重环绕。外墙长16千米，内墙长8千米，均以砖砌成。据说犹太俘虏就被囚禁在内外城墙之间。当100多年后希罗多德来此考察时，还惊叹于该城的宏伟。

巴比伦城唯一较完整保存下来的建筑物是高达12米的伊什塔尔女神城门，门两旁有突出的塔楼，墙面用藏青色琉璃砖砌成，上面饰有金色的公牛等各种动物形象，在阳光照耀下闪闪发光，鲜艳夺目。19世纪末20世纪初，德国人发掘巴比伦城遗址后将该门修复，并在柏林国立博物馆复制重建。

巴比伦城内最宏伟的建筑，当数名列古代世界七大奇观的“空中花园”。

为巩固与米底的联盟，尼布甲尼撒二世曾与米底联姻，娶了该国的一位公主做王后。但从小生活在美丽山区的公主来到巴比伦后，每日映入眼帘的尽是平原和黄土，便十分想念自己的家乡，因而终日闷闷不乐，茶饭不思，人也显得憔悴了许多。她说：“我的家乡山峦叠翠，花草丛生，而这里是一望无际的巴比伦平原，我多么渴望能再见到家乡的山岭和盘山小道啊！”为了取悦米底籍王后，尼布甲尼撒在巴比伦城内高110米的土山上，筑起一座“空中花园”（又称“悬苑”）。花园以巨大石柱群支撑，搭建起用石板和铅板铺就的多层园圃结构，在上面敷置泥土栽植各类树木和花卉，并设有精巧的灌溉抽水系统。据狄奥多拉斯记载，花园呈正方形，每边长120米左右。远远望去，犹如高悬于空中的仙境一般。上面栽满了奇花异草，并在园中开辟了幽静的山间小道，小道旁是潺潺流水。工匠们还在花园中央修建了一座城楼，矗立在空中。由于花园比宫墙还要高，让人感觉这座花园像是悬挂在空中，因此被称为“悬园”，而更广为人知的名字则是“空中花园”。据说，自打有了这座空中花园，米底公主的思乡症还真的不治而愈了。当年到巴比伦朝拜、经商或旅游的人们老远就可以看到这座美丽的花园。

尼布甲尼撒新建和修复了许多宗教建筑，其中最著名的是马尔杜克神庙的塔庙，就是《圣经·旧约》中提到的那座使上帝惊怒的“巴别通天塔”。通天塔高90米，共7级，每级色彩各不相同，代表七星神，顶层一座蓝色四角镀金的神殿内供奉着马尔杜克

巴别通天塔

传说当巴比伦国王尼布甲尼撒修建这座通天塔时触怒了上帝并引发了一场战争。上帝派70个天使来到人间，变乱这些修建者的口音。有人据此认为这就是为什么世界上不同种类的人讲着相异的语言。

金像。按照惯例，每年的元旦，国王要在马尔杜克神庙举行登位典礼，从高级祭司手里接受象征王权的宝器。

新巴比伦王国时期的经济较以前有很大发展，其中发展最显著的是商业经济，商品买卖活动非常活跃。人们不仅买卖粮食、

·空中花园·

巴比伦城中最杰出的建筑当属空中花园，世人称之为世界七大奇观之一。

相传，在公元前604 ~前562年间，古巴比伦国王尼布甲尼撒二世在位之初娶了米底公主赛米拉斯。但是美索不达米亚平原黄土遍地、沙尘满天，天气酷热难耐。而赛米拉斯的家乡却是山清水秀，气候宜人。久而久之，王后思乡成病，很快憔悴不堪。为治愈王后的这块“心病”，尼布甲尼撒下令建造空中花园。园中的景致均仿照公主的故乡而建。今天的空中花园遗址位于伊拉克首都巴格达西南90千米处，由一层一层的平台组成，从台基到顶部逐渐变小。上面种满各种鲜花和林木，其间点缀有亭台、楼阁，最难得的是在20多米高的梯形结构的平台上还有溪流和瀑布，来此参观的人们无不啧啧称奇。

人们百思不得其解的是空中花园的供水系统和防渗漏系统，因为园中的植物和泉流飞瀑都需要水，而且用量还很大。就算让奴隶们不停地推动抽水装置，把水抽到花园最高处类似水塔的装置中，再顺人工河流流淌，那将需要多少奴隶呢？又得多大的抽水装置呢？即便这些条件都满足了，水流下后势必危及花园的地基，那时的尼布甲尼撒陛下又是如何应对的呢？这真是一个千古之谜。

牲畜、羊毛等农牧产品，农田、果园、房舍等各种不动产的交易也十分活跃。买卖奴隶也成为经常性的商品活动。在频繁的商业活动中，新巴比伦王国出现了两个最著名的商家：巴比伦的埃吉贝和尼普尔城的穆拉树。首都巴比伦城不仅是巴比伦尼亚的工商

·巴别塔·

今天的伊拉克首都巴格达的所在地5000年前是一马平川，那里曾屹立着一座无比壮观的巨塔——巴别塔。据《圣经》记载，大洪水退去后，挪亚的子孙在巴比伦一带建国。他们渐渐变得骄傲自大，想造一座通天巨塔来传扬自己的名声。神怕人类从此不再敬神，于是变乱了语言，使人们无法交流，从而再也不能齐心合力建塔。“变乱”一词在希伯来文中是“巴别”，因此这座塔又被称为巴别塔。

几千年来，人们一直都没有发现巴别塔的遗迹，有人认为它不过是个神话。后来，考古学家在古巴比伦遗址上发现了一个由石块、泥砖砌成的拱形建筑废墟，中间有口正方形的大井。开始，考古学家以为这是空中花园的遗址，直到后来在附近出土了一块记载了巴别塔的方位和式样的石碑，才知道这就是巴别塔的塔基。

巴别塔建于公元前17世纪，高近90米，分成7层，底层边长也近90米，顶层是供奉马尔杜克神的神庙。用深蓝色釉砖砌成的塔身外有条螺旋形的阶梯盘旋而上，直通金色的神庙。公元前1234年，巴别塔被攻占巴比伦的亚述人摧毁。后来，新巴比伦的尼布甲尼撒二世曾重建该塔，但他去世后，巴比伦又渐渐衰落。公元前484年，巴别塔再次毁于战火。虽然人们如今已基本复原了它的外观，然而其整体的设计和结构仍是一个谜。

业中心，也是当时世界上最大的商业中心。巴比伦城的人口达到20万，西亚、北非等地的商贾都会集此地。

尼布甲尼撒二世死后，新巴比伦开始败落。到了后来，国王的废立和操纵都被掌握在势力一直很强大的神庙祭司和工商业奴隶主集团手里。

末代帝王那波尼德（公元前555～前539年）即位后，企图削弱神庙祭司和工商业奴隶主集团的势力，但祭司们极力反对，没有收到成效。加之外部形势紧张也使他无暇顾及这些。

与此同时，东方的波斯崛起，在灭掉当时的两大强国米底和吕底亚后，波斯帝国于公元前539年开始进攻两河流域，击溃了新巴比伦的军队。公元前538年，波斯军队兵临巴比伦城下。那些不满那波尼德统治，希望波斯能为他们开拓更大市场的巴比伦神庙祭司和工商业贵族们，打开城门欢迎波斯军队进入巴比伦城。这样，新巴比伦不战而降，落入波斯之手。从此，两河流域就在波斯帝国控制之下。

古巴比伦空中花园

这是后来人们根据文献记载而描绘出的巴比伦空中花园的大致模样。“空中花园”也叫“架空花园”或“悬空花园”，这些称呼都是希腊语“库列马斯图斯”一词的意译，可直译为“梯形高台”。

以色列犹太王国

巴勒斯坦位于地中海东南岸，北面与腓尼基接壤，西南面连接西奈半岛，东面是叙利亚草原。公元前 30 世纪，迦南人居住在这里，因此这个地区也叫迦南。约公元前 1900 年，希伯来人的祖先亚伯拉罕率领族人从两河流域来到迦南。迦南人把这些新来的游牧人群称为“希伯来人”，意为“从河那边来的人”。后来迦南发生了大旱灾，为了逃避灾荒，一部分希伯来人在亚伯拉罕之孙雅各的带领下迁到埃及居住，在此后的 400 多年里，饱受埃及法老的剥削和奴役。公元前 13 世纪，不堪忍受这种悲惨境遇的希伯来人在其领袖摩西的带领下，历经千难万险迁出埃及。此后又在其继承人约书亚的率领下返回了迦南。

·犹太民族与耶路撒冷·

在犹太民族的悠久历史中，从公元前 586 年的以色列被巴比伦征服开始，大部分犹太族群的栖身地都远离耶路撒冷。甚至在更早的公元前 722 年，以色列 12 族中就有 10 族被亚述人所掳，并被周遭的民族同化。然而犹太人相信，上帝的许诺是针对所有以色列人，因此终有一天 12 族人都会重回应许地，大卫之城将再度成为犹太世界的首都。这样的等待在 20 世纪终于有了结果，犹太人逐渐领悟到必须要拥有自己的土地，于是便在 1948 年创建了现代的国家以色列。

在迦南，希伯来人与迦南人不断发生冲突。经过长期战斗，希伯来人占领了迦南人的许多土地，一部分迦南人与希伯来人逐渐融合，一部分迦南人则长期与希伯来人为敌。在征服迦南的过程中，希伯来人形成两个部落：北方的以色列和南方的犹太。公元前 13 世纪末，海上民族腓力斯丁人占领了迦南的西南沿海地区。这些海上民族称他们居住的地区为巴勒斯坦，意为“腓力斯丁人的土地”。后来希腊史学家就把全部迦南叫作巴勒斯坦，即现在的巴勒斯坦地区。

带领以色列人走出埃及的摩西

希伯来人同腓力斯丁人之间进行的战争异常激烈。在战争中，希伯来两大部落联盟需要加强联合，其首领也需要扩大和集中权力，这就加速了希伯来人国家的形成。到了公元前 11 世纪，希伯来人终于建立了本民族的王国——以色列犹太王国。从此，他们的历史由前王国时期（前文明时期）进入王国时期（文明时期）。

扫罗（约公元前 1030 ~ 前 1010 年在位），是以色列犹太王国的第一个国王。他是从北方以色列各部落中选举出来的。扫罗在位时把 12 个部落统一起来，并组织了一支强有力的军队。这支军队在同腓力斯丁人作战中，取得了许多次胜利。但扫罗和他的 3

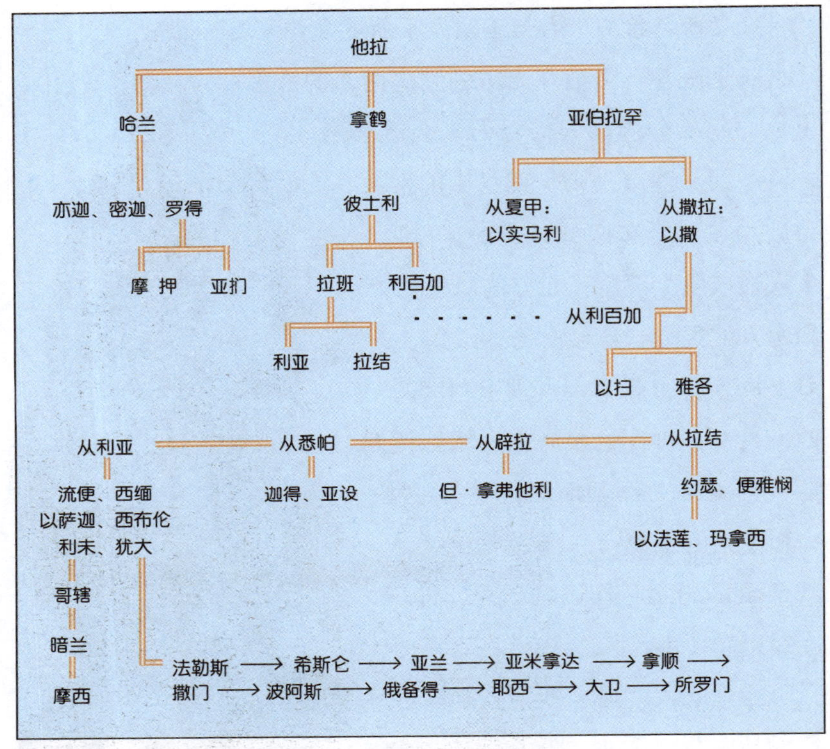

以色列族长家谱图

个儿子都先后在战争中阵亡。后来，南方犹太部落联盟首领大卫（约公元前1010～前970年在位）当了国王。在他的领导下，以色列犹太人彻底打败了腓力斯丁人，建立了一个统一而又强大的以色列犹太王国，并且将首都定在耶路撒冷。大卫死后，其子所罗门（约公元前970～前931年在位）即位。他统治的时代是以色列犹太王国的鼎盛时期。所罗门大力发展外交和外贸，并与埃及结盟，娶埃及法老的女儿为后；他还组成船队在地中海、红海和印度洋上进行商业活动。所罗门为了打破传统的部族界限，把全国划分成12个行政区。为显示其君主统治的威力，他还大兴土木，兴建了豪华的宫殿，并为耶和华神修建了一座金碧辉煌的圣殿。

所罗门晚年追求享受，奢侈好色，加之长年役使民众建造宫殿和圣殿，引起人民不满，国势渐渐衰落。他死后不久，王国分裂为两个国家。北方叫以色列王国，在撒马利亚建都；南方叫犹太王国，仍以耶路撒冷为首都。

公元前722年，以色列王国被亚述帝国所灭；公元前586年，犹太王国在巴比伦的攻打下亡国，被俘的一大批犹太人被劫往巴比伦，在那里度过了近半个世纪的囚徒生活，史称“巴比伦之囚”。

公元前538年，波斯开国皇帝居鲁士灭亡了新巴比伦，释放了被囚的犹太人。在波斯帝国的支持下，他们返回巴勒斯坦，建立了一个臣属于波斯帝国的、政教合一的神权国家。

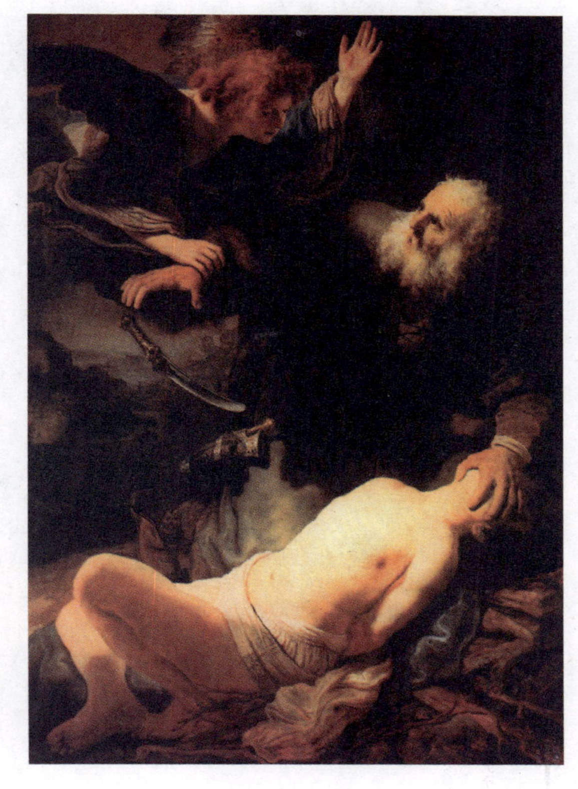

亚伯拉罕献以撒

亚伯拉罕遵守诺言，将心爱的儿子以撒放在祭坛上献给上帝，表现了他对上帝的信仰和顺从，所以他被称为“信仰之父”。

斯巴达城邦

斯巴达城邦位于伯罗奔尼撒半岛南部的拉科尼亚，三面环山，中间有一块小平原。斯巴达的名称可能出自古希腊语“斯巴台”（意为播种地）。由于地处“凹陷的拉凯达伊蒙”河谷地段，故斯巴达又称“拉凯达伊蒙”。

公元前1100年左右，南侵的多利亚人进入拉哥尼亚。约公元前10世纪，由4个多利亚人村庄联合组成了斯巴达城。居住在这一带的多利亚人，便称为斯巴达人。斯巴达城虽名之为城，实际上直到公元前4世纪末完全没有城墙。有句谚语说：“斯巴达没有城墙，男人的胸膛就是斯巴达的城墙。”斯巴达城周围分散居住着被征服的原本地居民，称“皮里阿西人”，即边民。边民为没有公民权的自由民。而占人口绝大多数的国有奴隶被唤作希洛人（一译黑劳士）。

大约在公元前800～前730年，斯巴达人逐渐征

战斗中负伤的战士在包扎伤口

为了对付、镇压希洛人不断的暴动起义，全体斯巴达人无一例外地被编入军队，全民皆兵，整个社会就像一个大军营。从20岁起正式成为军人，30岁结婚，但白天仍回兵营，直到60岁才可退伍。

·斯巴达重装步兵·

古希腊军事力量最强的城邦是斯巴达。在斯巴达，每个男人从小就要接受严格的近似野蛮的训练，以使他们长大后成为一个合格的战士。斯巴达重装步兵是全希腊公认的素质最高的士兵。他们头戴铁制的头盔，身穿金属胸甲和皮革护胫，手持带铁头的长矛和镶铜圆盾，腰悬双刃短剑。在战斗时，斯巴达人和着笛声的节奏稳步前进，斗志高昂，毫无惧色。在出征前，母亲会送给儿子一面大盾，说："要么拿着它凯旋，要么躺在上面让人抬着你的尸体回来。"希波战争中，斯巴达人显示出了顽强的战斗作风。温泉关之战，300 斯巴达士兵凭借地利，抗击了 10 万波斯军队，最后全部阵亡，为希腊军队的部署赢得了宝贵的时间。在普拉蒂亚会战中，以斯巴达重装步兵为主力的希腊联军击败了约 2 倍于己的波斯陆军，将波斯军队彻底赶出了希腊。在长达几十年的伯罗奔尼撒战争中，斯巴达凭借强大的重装步兵，最终战胜雅典，成为希腊的霸主。

服了整个拉哥尼亚地区。此后又经过两次美塞尼亚战争（公元前 740 ~ 前 720 年、公元前 640 ~ 前 620 年），斯巴达人征服了拉哥尼亚西部的美塞尼亚居民。据希腊神话传说，美塞尼亚最初之王与斯巴达二王之祖原是亲兄弟。当初多利亚人南下，是为了帮助著名英雄赫拉克利斯的后裔三兄弟夺回原属于赫氏的伯罗奔尼撒王位，后来便分立为 3 个国家：长兄铁美努斯分得亚尔果斯；二弟阿里斯托德穆斯阵亡，由他的两个孪生儿子攸利斯尼斯和普罗克勒斯共同分得斯巴达；幼弟克列斯封提斯分得美塞尼亚。美塞尼亚位于斯巴达以西，土地肥沃，堪称富庶之乡。当斯巴达国家的发展需要大量土地和奴隶时，这个兄弟邻邦便成了它的猎获物。结果，美塞尼亚居民全部被变成了希洛人。

希洛人被禁锢在斯巴达公民的份地上，当牛做马，辛苦劳作，每年向主人交纳 82 麦斗大麦以及一定数量的油和酒，大约等于收获量的一半。在征服过程中，斯巴达人的氏族制度更趋瓦解，征服者与被征服者之间也产生了尖锐的矛盾。为此，斯巴达推行了一系列政治改革与社会改造活动，形成了层次分明的阶级结构和一整套暴力机器。至公元前 7 世纪中叶，斯巴达国家最终形成。

斯巴达城邦建立后，其居民的地位分化为 3 个阶层，即斯巴达人、皮里阿西人和希洛人。斯巴达人是征服者，其成年男子均享有公民权。他们集体占有全国的土地和奴隶。皮里阿西人散居于山区和沿海的村镇之中，这些人没有公民权，不能与斯巴达人通婚，但享有人身自由。希洛人是斯巴达人集体占有的奴隶（一说农奴），他们没有政治权利和人身自由。受到的虐待和迫害异常残酷。斯巴达政府对他们严加监视，操有生杀予夺之权。不论是否有过错，他们每年必须被鞭打一次，以使其不忘自己的奴隶身份。他们穿着国家为他们做的带有特殊标志的服装，随时供斯巴达人取笑、驱打、作践。主人常强迫他们饮过量的烈酒，然后拖至公共场所，以其醉态警诫年轻人；他们还被强迫表演卑鄙可笑的歌舞，不许有任何高尚的表现。斯巴达人经常对外发动战争，战时希洛人必须为主人充当驮运行李、辎重的“牛马”，在军中从事运输、修筑工事等苦役。

为了防范和镇压人数众多的被征服者的反抗，斯巴达人大力强化国家机器，形成了贵族寡头政体。

严阵以待的斯巴达士兵

为了镇压希洛人的暴动起义，斯巴达人全民皆兵，婴儿从出生就要接受严格的训练，直到将其训练成有强健体魄的武士。如上图所示，他们紧握手中的盾牌，时刻准备为保卫国家英勇献身。

在经济上，斯巴达以农业为主，工商业比较落后，甚至一度禁止金银作为货币流通，想以此阻抑商品经济的发展来防止两极分化，借以维护公民集体的团结，对付希洛人的反抗。

斯巴达国家实行的是极为严格的军事制度和教育制度，其全民皆兵、重武轻文的程度在世界历史上可以说是空前绝后的。公民从出生之日起就被置于国家的监督和管束之下，人们只有一条出路，就是成为遵纪守法、勇敢坚毅、忠诚谦恭的好公民和优秀军人。斯巴达的青年男子从20岁开始就必须投身于军营生活，除了行军作战就是反复操练，精神上也以培养绝对服从、视死如归的军人气质为首要。由于斯巴达人实行严格的军事训练，所以其陆军成为全希腊实力最强、纪律最严的军队，而文化建树则完全被忽视了。

梭伦改革

雅典位于希腊半岛东南的阿提卡半岛上，依山傍海。全境多山，山岭将半岛分割成3个相邻的小平原，阿提卡平原居其中。沿海有曲折的海岸线和优良的港湾。

公元前1600年前后，爱奥尼亚人就来到阿提卡，与当地皮拉斯基人混居。在雅典卫城内发现的宫殿遗址表明，阿提卡早在迈锡尼文明时期已经出现国家，但随着迈锡尼文明的崩溃而消失。

公元前12世纪，多利亚人南下时并未侵入阿提卡，但多利亚人的南侵影响了迈锡尼各邦，一些居民为躲避战乱纷纷逃至雅典居住，他们成为雅典原有氏族之外的居民。由于居民混杂，原有的氏族管理机构的作用大减。为适应形势的变化，雅典出现了传说中的第10代“王”（巴赛勒斯）提修斯的改革。提修斯改革以“联合运动”的方式，废除了阿提卡各地的议事会和行政机构，设立了以雅典为中心的中央议事会和行政机构；提修斯还根据出身和职业，将全体居民分为3个等级：贵族、农民和手工业者。通过改革，氏族部落管理机构正式发展为贵族独占的国家机构。

这个刚刚诞生的雅典城邦是贵族统治的国家，统治机构有执政官、贵族会议和公民大会。统治机构建立后，氏族贵族便利用自己的垄断政权残酷地剥削、压迫平民。平民的处境日益恶化，他们或将土地抵押给贵族沦为“六一汉”（因为他们为富人耕田，按此比率纳租），或变为债务奴隶，或流亡国外。这种情况使贵族与平民的矛盾激化，社会动荡不安。公元前6世纪初，平民准备以暴力推翻贵族政权，内战一触即发。在这紧要关头，得到大多数公民支持的梭伦被推举为“执政兼仲裁”，受命调停矛盾。

梭伦（约公元前630～前560年）出身于贵族家庭，他的父亲因为乐善好施，到他年轻的时候，已是家道中落。梭伦一面外出经商，一面游历。尽管他以经商为业，也逐渐富有起来，但他却坚信道德胜于财富，所以其兴趣不在赚钱上，而主要是利用出外旅行的机会考察社会风土人情，获取知识和经验。在此期间，梭伦漫游过希腊和小亚细亚的许多名胜，结识了著名哲学家泰勒斯等人，并以谦和的美德而被誉为古希腊“七贤”之一。他到任后，拒做僭主，主张以法治国，曾先后颁布了一系列政治、经济等方面的改革法令。

政治改革包括：①将全体雅典自由民按财产多少分为4个等级并规定相应的权利和义务。地产年收入在500麦斗（1麦斗约合80公斤）以上者为第一等级（500斗级），300～500麦斗

·陶片放逐法·

陶片放逐法是古希腊雅典等城邦实施的一项政治制度，由雅典政治家克里斯提尼于公元前510年创立。约公元前487年左右，陶片放逐法才首次付诸实施。通过这项制度，雅典人民可以把企图威胁雅典民主制度的政治人物逐出雅典。

这幅绘画表现了梭伦改革前夕，古代贵族展开激烈辩论的场面。改革期间，每天都有人找到梭伦，对新法表示赞同或指责，或建议增加某些条文、删除某些条文。为了摆脱这种困境，任期届满后他便飘然出国漫游去了，此后再未进入政坛。

者为第二等级（骑士级），200 ~ 300 麦斗者为第三等级（双牛级），200 麦斗以下者为第四等级（雇工级）。工商业者的货币收入也可折合为地产计算。国家的高级官员由一、二等级的富有公民担任。第三等级公民可担任四百人会议议员等低级官职，第四等级只能参加公民大会和陪审法庭的活动；②确立公民集体立法的原则，提高公民大会的权力；③新设四百人会议和陪审法庭两个重要机构。经济改革包括：①颁布“解负令”，取消以土地为抵押的债务，废除债务奴隶制；②禁止小麦出口，鼓励橄榄油输出；③推行货币改革，实行流通于爱琴海区域的优卑亚币制，以利于对外贸易；④为防止土地再次集中，规定公民占有土地的最高限额（因史料不足未留下限额的具体数额）；⑤因地制宜，发展经济。

梭伦改革打击了旧的氏族贵族，消灭了债务奴隶制，恢复并稳定了独立的小农经济，为雅典公民形成自主独立的公民意识奠定了坚实的经济基础，也使雅典奴隶制开始向高级阶段发展；改革打破了贵族对政权的垄断，大大提高了工商业奴隶主阶层的政治地位，使普通公民可以参加决定国家命运和自身利益的政治活动，促使雅典政体从贵族政治向民主政治过渡；改革对工商业的发展，采取了一些鼓励的措施，也为雅典的经济繁荣创造了良好条件。梭伦的改革把雅典引上了建立奴隶制民主政治和发展工商业的道路。

早在公元前 621 年，执政官之一的德拉古就曾制订过一部成文法典，但内容过于严酷，它甚至将偷窃蔬菜、水果以至懒惰都定为死罪。雅典人发现，如果真的照那部法典行事，他们还没有足够的绳索把所有罪犯绞死。所以有人说，“德拉古的法律不是用墨水写的，而是用血写的”。

相较于德拉古，梭伦是一位温和的立法者，他所制订的雅典法较有人道色彩。他在改革中不走极端，奉行不偏不倚的中道政策，从公民整体利益出发，对平民和贵族的要求既满足又不完全满足，用他自己的话说就是：“我所给予人民的适可而止，他们的荣誉不减损也不加多，即使是那些有势有财之人也一样，我不使他们遭受不当的损失。”“我制订法律，无贵无贱，一视同仁，直道而行，人人各得其所。”在梭伦改革后的一百余年里，雅典始终遵循他所开辟的政治改革道路，终于成为一个经济繁荣、政治民主、文化昌盛、国力强大的希腊超级城邦。

摩揭陀王国

约公元前6世纪初，印度次大陆的部落大多过渡为国家，这样的小国有数十个。经过兼并战争，出现了16个大国，如鸯伽、摩揭陀、居萨罗、迦尸、跋祇、末罗、跋沙、居楼、般阇罗、阿般提、犍陀罗等。这一历史时期诸邦林立，史称列国时代。也有人考虑到佛教的兴起和巨大影响，将佛陀所生活的公元前6～前5世纪称为佛陀时代。

在互相争雄的16国中，恒河中下游的居萨罗、迦尸、摩揭

·吠陀文学·

约公元前20世纪中叶，印度吠陀文学开始出现。“吠陀”一词原意为“知识”，后转化为对婆罗门教、印度教经典的总称。从广义上来说，它是古代西北印度用梵文写成的对神的诵歌和祷文的文集，其中包括《吠陀本集》《梵书》《森林书》《奥义书》。从狭义上讲，吠陀仅指《吠陀本集》，共分4部：一为《梨俱吠陀》；二为《娑摩吠陀》，将《梨俱吠陀》中的绝大部分赞歌配上曲调，供祭祀时歌唱，共载入赞歌1549首；三为《夜柔吠陀》，主要说明出自《梨俱吠陀》的赞歌在祭祀时如何运用；四为《阿闼婆吠陀》，共20卷，载入赞歌730首，记录了各种巫术和咒语，其中杂有科学的萌芽。吠陀经书在世界文学史上占有一定地位，也是研究印度古代史的重要资料。

陀等国逐渐成为当时最重要的国家。最初，迦尸强盛一时，同居萨罗进行了长期的争霸战争。后来，居萨罗征服迦尸，发展成为强国。与此同时，摩揭陀开始强大起来，并逐渐走上向外扩张的道路。

摩揭陀位于今比哈尔邦南部。约前9世纪时，婆罗多族的两支后裔居楼族和般度族之间曾发生一场大战，当时北印度的很多部落都被卷入进去，这在《摩诃婆罗多》大史诗中有生动描述。在那场大战中，摩揭陀部落是般度族的同盟者，后由部落转变为城邦。频毗娑罗（即瓶沙王，约公元前544～前493年）是摩揭陀历史上第一位著名的国王，他通过联姻与居萨罗、跋祇等国建立了友好关系，同时又用武力征服了位于恒河三角洲的鸯伽国。据说，他曾管辖8万个村镇，并在这些村镇设有村长和村议会。在中央，他设立了一个由8万个村长组成的大议会。这种说法显然有些夸张，不过也透露出这样的情况：摩揭陀国可能是由许多村镇以某个政治中心组成的。

另外，他还在中央设立了分别管理行政、司法和军事的机构。由于这位国王信奉佛教，首都王舍城便成了当时保护和传播佛教的中心。频毗娑罗王之子阿阇世（约公元前493～前462年）开始反对佛教，后来也成为佛教信徒。

阿阇世有个恶友提婆达多，是佛陀的堂弟和弟子，后来背叛佛陀，企图借助王权的力量以分裂僧团。他自知频毗娑罗王信仰坚定，便极尽巧言蛊惑之能事，教唆阿阇世弑父篡位。阿阇世果然听信他的话，将父王幽禁于七重暗室中，不许任何臣子接近。王后韦提希被特许探视，于是，她沐浴后把用酥油、蜂蜜和的面涂在身上，又将所佩戴的璎珞中空之处盛满葡萄汁，用这样的方法带食物给频毗娑罗王。阿阇世闻知大怒，手持利剑，又欲杀害其母。赖两位大臣冒死劝谏，方才罢手。

韦提希王后忧伤憔悴，不久便死去。韦提希是居萨罗王国的公主，她出嫁时曾带来迦尸村庄作陪嫁。阿阇世倒行逆施，导致同居萨罗的关系紧张起来，居萨罗王要求收回陪嫁的迦尸村，两国因此而发生战争。战争中互有胜负，最后以和解告终。

其后，阿阇世又发动了对跋祇共和国长达16年的战争。跋祇为了对抗摩揭陀，同末罗共和国和迦尸－居萨罗王国结成同盟，但最终被击溃，跋祇亦为摩揭陀吞并。阿阇世遂成为东印度的霸主。其间，他还修建了军事要塞华氏城（今帕特那），后来发展为一座重要城市。

阿阇世杀父后，心中渐渐生出悔意。一次，他梦见父王托梦给他，以佛陀的慈悲对他表示原谅，并要他早日悔悟，走上光明的正道。他心中像有块大石头压着，又不时被悔恨啮嗜着，不久身上便长满痈疽。前来诊视的名医耆婆告诉他，他的病“系从心生”，要他照佛陀惭愧忏悔的法门，向佛陀座前告白忏悔，以求得救度。阿阇世在耆婆引导下来到佛陀静坐的讲堂，真诚地坦白了自己所犯忤逆重罪，请求佛陀慈悲救济。经佛陀开示，勉其自新，多行仁政，从而解脱得度。

皈依佛陀后，阿阇世王“维护佛教教团甚力”。相传，正是在他的大力赞助下，佛教于王舍城外毕波罗窟举行了第一次“结集”，首次写定佛教经典。

阿阇世之后，先后有4位继位者都是弑父称王的。最后一位残暴的国王被市民起义推翻，大臣希苏那伽被拥立为王。从此开始了希苏那伽王朝（约公元前 414 ~ 前 346 年）的统治。希苏那伽统治时期，摩揭陀出兵征服了阿般提，国势逐渐强大起来。其子迦腊索伽统治时，把首都迁至华氏城。约公元前 346 年，出身低微的摩诃帕德摩·难陀杀死希苏那伽王朝末王，建难陀王朝（约公元前 346 ~ 前 324 年）。

在难陀王朝统治时期，摩揭陀基本上统一了北印度。南印度的羯陵伽和德干高原的某些地区也被纳入摩揭陀的版图。难陀王朝的末王达纳·难陀统治时期，摩揭陀兵力强大。达纳·难陀贪婪无度，横征暴敛，引起平民的不满。公元前 324 年，难陀王朝被旃陀罗笈多推翻。

印度战象

在难陀王朝时期，印度国力强盛，拥有战象 6000 头。国王也视大象为国宝，拥有 1000 头身躯如大山般伟岸、气势如魔鬼般凶悍的大象。图中带有多重拱顶的棚厩是圈养国王珍贵大象的场所。

孔雀王朝

旃陀罗笈多出身低贱，传说出身于一个饲养孔雀的家族。后来，他在卓越的政治家考底利耶的辅佐下，组建了一支军队，把驻守在印度西北部旁遮普地区的马其顿、希腊侵略军打败，随即称王。接着他又率军东征，灭了难陀王朝，建立了一个根据其家族名称而命名的新王朝——孔雀王朝（公元前 321 ~前 187 年）。孔雀王朝通常称孔雀帝国（又称摩揭陀帝国）。在孔雀王朝统治时期，古代印度进入帝国时代。

旃陀罗笈多在位期间（约公元前 321 ~前 297 年），塞琉古王国一度想恢复在印度的统治。公元前 305 年，塞琉古领兵侵入印度，但遭到失败，被迫将今阿富汗、卑路支一带的大片土地割让给孔雀王朝，还把一位希腊公主嫁给旃陀罗笈多。旃陀罗笈多则送给他 500 头战象作为回报。

旃陀罗笈多晚年笃信耆那教，后来抛弃王位出家，终于按耆那教的教义慢慢绝食而死。他出家后，其子频头娑罗（约公元前 297 ~前 273 年）继位。频头娑罗继续东征西讨，佛教文献说，他曾经杀死 16 个君主并夺得他们的土地。

旃陀罗笈多之孙阿育王是印度历史上最重要的一位国王。在阿育王时代（公元前 273 ~前 232 年），孔雀王朝达于鼎盛。

据佛教传说，佛陀在世时，已对未来阿育王的出世作过授记。

说是有一天，佛陀在弟子阿难陪侍下入王舍城乞食，一童子将一把细沙作为施舍放入他的托钵，说：“喏，给你麦面！”佛陀微笑点头。阿难不解，佛陀解释道：“这个小孩以麦面供养佛，在我灭度后100年，他将于巴连弗邑（即华氏城）转世统领一方，为转轮王，姓孔雀，名阿育，以正法治化国家；还要广布我的舍利，造八万四千塔，安乐无量众生。所以我笑。”佛陀还随口诵出一首偈语：

栏盾上的孔雀装饰

孔雀经常成为孔雀王朝王室贵族的美味，长久以来被印度尊为“国鸟”，象征着吉祥如意。据有些学者所称孔雀王朝“Maurya”就是由“mayura(孔雀)”这个单词发展而来的。这个图案见于桑奇大塔第2塔栏盾上的大印章上。

于我灭度后，是人当做王。

孔雀姓名育，譬如顶生王。

于此阎浮提，独王世所尊。

阿育王是频头娑罗王的一个妃子所生。他出生的那天恰为除忧日，故名“无忧”，音译为“阿恕伽”或“阿输迦”，汉译作“阿育”。阿育幼时相貌丑陋，皮肤粗如黄沙，传说即其前世曾向佛陀施舍沙土的缘故；又因生性顽劣，不得父王欢心。按有的史籍记载，但叉始罗城叛乱时，频头娑罗派他去平叛，但所有军需装备等均不予提供，实际上就是让他去送死的。然而，想不到智勇兼备的阿育王竟使怛叉始罗人闻风归顺。

频头娑罗晚年，怛叉始罗再度起义，太子修私摩被派去镇压，未能完成使命，致使频头娑罗忧虑成疾。后又改派阿育王，阿育王的谋士让他装病，拒不应命，并乘频头娑罗病重之机将其控制，胁迫致死。而后利用到手的王权，大杀昆仲。其父王死后 4 年，阿育王才举行正式灌顶登基大典。

约公元前 262 年，阿育王大举征讨羯陵伽。羯陵伽被征服后，除半岛极南端以外的整个印度，悉入孔雀帝国版图。其疆域北起喜马拉雅山，南到迈索尔，东抵阿萨姆西界，西达兴都库什山，成为印度历史上第一个幅员广大的统一帝国。

阿育王尤其注重佛教的教化作用，定佛教为国教，任命达摩官吏巡回各地以宣扬大法。他到处兴建佛寺、佛塔，亲自巡礼佛迹，还命石匠把他的谕令刻在岩壁和石柱上。在这些被称为“阿育王诏敕”的铭文里，他赞扬佛教，晓谕其子民皈依佛教，并将宽容、仁慈和非暴力的佛教精神体现到日常生活中。他明令禁止狩猎和斗兽活动，废除屠杀牲畜献祭求福的习俗，并专门设立了动物医院。佛教徒称他为“转轮圣王”。他虽是热心的佛教徒，但也不排斥其他宗教，耆那教、婆罗门教等同样受到保护。

印度阿育王石柱　公元前 3 世纪

这根光滑异常的砂岩石柱是阿育王下令在今尼泊尔边境附近修建的佛教建筑，高达 32 英尺，重 50 吨，石柱顶部刻有一头威武的坐狮。阿育王下令将他的佛教谕令刻在石柱或岩壁上，以此来晓谕广大疆域内的臣民们。

· 印度教 ·

印度教是世界上最古老的宗教之一，是过去3000年来在印度本土所发展起来的生活文化的总体，至今仍为印度大多数民族所信奉，在印度所拥有的信徒人数凌驾于其他宗教，几乎占总人口的83.5%。而古代神话之中的神灵今天依然是他们崇拜的偶像，透过这些神灵可以更直接地了解印度人对印度教的顶礼膜拜。

一般来说，印度教是多神教，最崇高的是来自大梵的三圣神，即创造宇宙之神梵天、维护宇宙之神湿婆和毁灭宇宙之神毗湿奴。其中毗湿奴的化身特别受到崇拜，最普通的两位便是罗摩和黑天。此外毗湿婆的妻子吉祥女神、猴神哈奴曼、象头神嘉涅夏等等都是普遍受欢迎的神灵。

显然，印度教拥护很多神灵，但就本质而言，它可说是一神教。一个印度教徒所向往的最高目标就是努力达到至善至真的境界——太一（梵我合一），将之神性化就是湿婆或毗湿奴的至高形式。

由于他的懿德善行，人们改称他为“白阿育王”和“法王无忧”。

公元前253年，阿育王召集佛教上层僧侣在华氏城举行佛教史上第3次结集，整理编纂了经、律、论三藏佛经。为了弘扬佛法，他还派出包括王子和公主在内的大批使者和僧侣，到邻近的国家、地区传教。印度公主在去锡兰（今斯里兰卡）传教时，不仅带去了许多僧侣和佛典，还带去了一枝神圣的菩提树树枝，这棵菩提树在锡兰一直生长到今天。经过一番宣传和使节往来，佛教不仅传遍锡兰，而且很快传到埃及、叙利亚、缅甸、中国和世界其他地方。

波斯大帝国

公元前 6 世纪，处于米底统治之下的波斯，有 6 个农业部落、4 个游牧部落。公元前 6 世纪，波斯人在居鲁士（公元前 558 ~ 前 529 年在位）的领导下，经过 3 年的浴血奋战，于公元前 550 年灭掉米底，并建立了波斯王国，定都波斯波利斯。

居鲁士保留了米底人的大多数法律和法规，对于阿斯提阿格斯王，也未予加害，而是仍以国王的礼遇对待他，并对他的忠告言听计从。

在米底帝国的基础上，居鲁士依靠外交手段和军事实力，逐步向外扩张。公元前 546 年，灭小亚细亚的强国吕底亚，进而采

·波斯文化·

波斯文化是开放的，带有鲜明的多样性和兼容性。波斯人热切地从臣服他们的各民族的文化和艺术中汲取灵感，他们自愿地把外来特色与本地传统相结合，成功地创造出一种风格。波斯国王大流士大帝时期就曾采用古波斯语、巴比伦语、埃兰语和埃及语四种语言；波斯波利斯宫殿建筑中出现的两头巨大的带翅膀的石雕公牛就是源于叙利亚迷人的动物寓言；波斯波利斯的浮雕图案塑造了各民族人物的形象，可以看出，精细完美的雕刻风格和技艺受到了希腊、埃及等地的艺术影响；而阿帕那的石柱又带有明显的希腊风格。这一切表现了波斯文化的国际化。

取分化和征服的政策，使小亚细亚西部沿海各希腊城邦臣服。次年，向东占领赫拉特及阿富汗北部等地，并一一置省；又渡乌浒河（今阿姆河），直至药杀水（今锡尔河），在其南岸修筑 7 个城，连成一道防线。公元前 539 年，进军美索不达米亚，一箭未发就使新巴比伦面北称臣，同时将叙利亚和巴勒斯坦一并划入波斯版图。

公元前 529 年，居鲁士在中亚细亚战败身亡，其子冈比西斯（公元前 529 ~ 前 522 年在位）即位后继续奉行扩张政策。正当冈比西斯远征埃及时，公元前 522 年 3 月，原米底的一个拜火教僧侣高马达乘机发动政变，假冒冈比西斯之弟巴尔迪亚的名义篡夺了王位。其实，巴尔迪亚早已被骄横暴戾的冈比西斯秘密杀害了。高马达夺取政权后，利用平民力量打击氏族贵族，宣布减免赋税和兵役 3 年。帝国境内各被压迫民族竞相效仿，纷纷宣布独立，一时四方扰攘，天下大乱。

大流士随冈比西斯出征埃及期间，任万人不死军总指挥。冈比西斯惊闻国内有变，急忙赶回波斯，不料因误伤而死于归国途中。危急关头，年仅 28 岁的大流士与另外 6 名贵族杀死高马达，最终大流士利用智谋登上了波斯王位，称大流士一世（公元前 522 ~ 前 485 年在位）。

大流士执政后，平定了各地此起彼伏的暴动和起义，恢复了帝国的统治。他从公元前 518 年起进行了一系列大刀阔斧的改革。他在被征服地区普遍置行省，每个行省设总督、将军和司税收的大员各一人，各大员直属国王。另置钦使，即所谓“国王耳目”，建立起庞大的间谍侦察网，使中央得以有效地控制地方。为强化王权，他还制定了一套森严的宫廷制度：国王上朝时，头戴金皇冠，身着绛红长袍，腰系金丝带，手握金权杖，威仪赫赫，高高在上。身后则有大群高擎仪仗的便嬖和侍卫。对朝见的大臣，也要用帷幕与之隔离开来，为的是避免被其呼吸所亵渎。

大流士实行军权独立制度。他把全国分成5个大军区，军区的长官直接听命于国王，其他任何人无权调动军队。他将军队编成万人不死军、千人团、百人团、十人队四级，以波斯人为核心组成步兵和骑兵，以腓尼基水手为骨干建成一支拥有600 ~ 1000艘战船的水军舰队。国王另有“无敌”近卫军1.2万人，是波斯军队的核心。

大流士还在统一铸币制度、修筑驿道及宗教改革上，做出了不菲的成绩。

波斯波利斯是波斯帝国大流士一世下令建造的都城，希腊人称这座都城为“波斯波利斯”，意思是“波斯之都”。这座显赫一时的都城规模宏大，始建于公元前522年，前后共花费了60年的时间，历经三个朝代才得以完成。薛西斯一世时期建造了大部分的波斯波利斯，到了阿尔塔薛西斯一世时期这座象征着波斯帝国辉煌文明的伟大城邦终于完成。一直到公元前330年，亚历山大大帝攻占了这里，在疯狂地掠夺之后无情地将整个城市付之一炬，波斯波利斯就这样毁于一场大火。遗留下来的是一片气势雄伟的遗迹，背靠着光秃秃的赫马特山，雄踞在高出平原15米的天然石平台上。平台长448米，宽297米，所有的建筑物都建在平台之上。平台的西北端有阶梯、阶梯宽7米，共有111级石阶，每级石阶只有10厘米高，足以让人骑马上去。阶梯的尽头是“万国门”，也叫“薛西斯门”或者“波斯门”。在平台上，有两段巨大的仪式用阶梯，它们分别通向觐见大殿的北面和东面，是波斯波利斯最宏伟壮观的景象之一。阶梯上饰有大量浮雕，刻画了波斯帝国民族服饰各异的朝贡者列队前进的场面。那时的波斯帝国共有 35 个属国、23 个民族。浮雕上的来自不同属国和民族的朝贡团或是手捧金银珠宝，或是牵着狮子、麒麟、双峰骆驼等等，反映了波斯帝国繁荣昌盛的景象，以恢宏的方式呈现了波斯帝国的壮丽威严。

从居鲁士建立波斯王国，到大流士执政，前后仅 28 年时间，波斯即从一个蕞尔小邦成长为古代世界第一个地跨亚、非、欧三大洲的大帝国。

公元前 334 年，马其顿的亚历山大大帝率军东侵波斯，波斯军队节节溃败，大流士三世在逃亡途中被杀，延续两百多年的波斯帝国至此灭亡，西亚、北非的古代文明也随之宣告终结。

波斯波利斯王宫遗址全景

大流士时代的波斯帝国是地跨亚、非、欧三大洲的空前大帝国，领土辽阔，经济繁荣，盛极一时。在其新都波斯波利斯，他将宏伟的王宫建筑在巨石垒成的高台上，内有听政殿和百柱大厅，轩敞气派，金碧辉煌。

古代印度艺术

在古代印度的文学作品中，最著名的要数《摩诃婆罗多》和《罗摩衍那》这两部史诗。前者的基本内容大约形成于公元前5世纪，最后编订于公元4世纪，传说作者是毗耶娑（广博仙人）；后者的基本内容可能形成于公元前4世纪，最后编订于公元2世纪，传说作者是跋弥（音译）。《摩诃婆罗多》（“摩诃”意为“伟大的”，“婆罗多”是古代印度的王族名）共有18篇，长达10万颂（一颂两行诗，每行16个音）。故事的主要内容是：古代印度的一个国王是瞎子，国事全由弟弟处理。国王有100个儿子，组成俱卢族。国王的弟弟有五个儿子，组成班度族。国王弟弟死后，他的五个儿子全由国王抚养。五个兄弟个个武艺高强，遭到俱卢族兄弟的嫉妒，一次又一次地受他们的迫害。双方各找了些盟国进行决战。印度半岛上几乎所有国家都参加了这次战争。战争进行了18天，俱卢族和18支盟军全被击溃，老国王的99个儿子都在战争中被杀死，太子逃脱后最后也被杀死。班度兄弟割下他的头颅，喝了他的血。由于相互残杀，血流成河，尸横遍野。班度兄弟决定与俱卢族讲和，化战争为和平，化仇恨为友谊。该史诗是一部诗体百科全书，汇集了当时印度的政治、经济、社会、历史、宗教、伦理、哲学、文学等方面的知识，为印度后世文学艺术创作提供了大量的素材。《罗摩衍那》（亦译《腊玛延那》）意为“罗摩的漫游”。全诗共7篇，2.4万颂。写的是居萨罗国阿逾陀城十车王的儿子罗摩与妻子悉达悲欢离合的爱情故事。罗摩本应继承父位为王，但遭到继母陷害，被放逐到森林，并在那里住了14年。在此期间，他因经常追杀恶魔而激怒了魔王罗婆那，罗婆那设计将罗摩的妻子悉达劫往楞伽岛。后来罗摩在大猴王的帮助下，打败和杀死了魔王罗婆那，救出悉达，一起回国复位。这部史诗生动曲折，在艺术上独具特色，对世界文学产生了很大的影响。

《佛本生经》是一部民间故事集，它具有很高的艺术品位。该书有500多个故事，写的是佛陀前生前世的一些事迹。尽管一些故事被佛教徒进行过加工，但仍保留着民间故事的特征，其寓

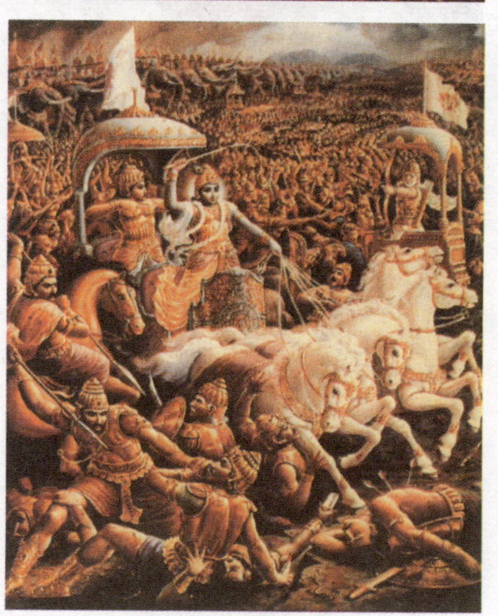

《摩诃婆罗多》史诗

下图描绘了《摩诃婆罗多》史诗中讲述的般度族与居楼族之间的一场大战：站在马车上的射手是般度族的一位王子，毗湿奴的第八个化身黑天则伪装成一位驭手。上图中他和般度王子吹响了发出奇异声音的贝壳号角。此役双方都以严重的损失告终。

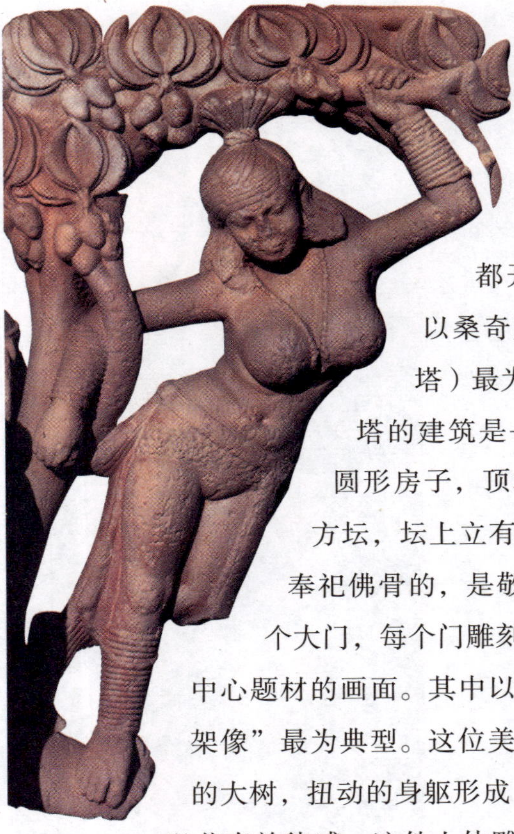

意深刻，爱憎分明。它约在公元前3世纪编成。

古代印度雄伟的建筑和精美的艺术，大都开始于孔雀王朝，其中以桑奇建造的大窣堵波（即佛塔）最为著名。这座名为桑奇大塔的建筑是一个直径约36.6米的半圆形房子，顶端有一平台，台上有一方坛，坛上立有伞形柱。该建筑是用来奉祀佛骨的，是敬拜佛的地方。大塔有4个大门，每个门雕刻着栩栩如生的以佛教为中心题材的画面。其中以大塔东门上的“树神托架像”最为典型。这位美丽的女神双手托着繁茂的大树，扭动的身躯形成“S”形，外轮廓线给人以节奏韵律感。这件人体雕像接近人体比例，具有写实性，对性部位也无遮掩，被誉为印度东方美的典型作品。

古印度大窣堵波前的雕像

阿旃陀石窟是亚洲最早的石窟，始凿于公元前1世纪，完成于公元7世纪。阿旃陀石窟艺术是印度佛教艺术的集散地，是东方石窟艺术的源头。该石窟位于海德拉巴省温德亚山脉深山中，开凿在距地面100多米高的山腰间，共有29窟。阿旃陀石窟的雕刻从题材上分佛教造像、装饰纹样。其中佛教造像可分早中晚3期，由于风化严重，早期雕像已很难辨识，中期雕刻手法趋于成熟，出现了许多精品，如16窟中的说法佛、19窟中的列柱和板框上的采花女子像及蛇王像等，技艺精熟，为石窟造像之佼佼者。后期雕像，规模扩大，人物的刻画更加细腻精巧，形态也更加优美。壁画是阿旃陀石窟中最为人瞩目的艺术作品，是印度古代壁画的重要代表。画面上描绘的众多的妇女形象，体态丰满，姿态优雅，形象高贵典雅，反映了印度古典艺术的美学思想。早期壁画人物造型、表现技法较之同时代的其他遗迹中的佛教艺术，有明显的进步。中期壁画正值笈多王朝文化艺术的鼎盛时期，画面构图壮阔繁密，布局紧凑和谐，色彩典丽，注重人物的神情刻画和意境的表达，人物描绘手法精细，注重姿态的变化，其中女性的描绘尤其艳丽动人。另外，各窟的装饰壁画，如卷云、蔓草、莲花及小动物等，设计巧妙，想象丰富，色彩鲜艳，对比强烈。到了晚期，壁画创作在艺术上更臻完善。阿旃陀石窟是建筑、雕刻、绘画三种艺术完美结合的典范，是世界艺术的宝库。

·印度舞蹈·

舞蹈是印度古老信仰中最悠久的艺术，从最早的年代开始印度人就使舞蹈成为他们宗教生活的一部分。古印度人认为湿婆是音乐和舞蹈之神，她的舞蹈是宇宙能量的源泉，使宇宙处于永恒的运动之中，印度的神庙中有许多正在表演的舞蹈者的雕像。被永远定格下来的舞蹈者的舞步和舞姿依然为今日的同行所效仿。

王政时代的罗马

大约在公元前2000年初，来自北方的某些印欧语系部落通过阿尔卑斯山的隘口进入意大利，向南推进，“直至他们建立的村庄和他们的羊群布满这只意大利长筒靴的后跟和鞋尖”。其中在半岛中部台伯河流域拉丁姆地区定居下来的一些部落，称作“拉丁人”。在拉丁人居住的地方曾出现一些有围墙的城寨，位于台伯河畔的罗马城便是其中之一。它以帕拉丁等7个山头村落结合而成，故罗马城又称为“七丘之城”。

关于罗马城的来历，在古罗马民间流传着一个家喻户晓的传说故事。相传，当年希腊联军用“木马计”攻破特洛伊城之后，特洛伊勇士伊尼亚等人逃离了火光冲天的特洛伊城。他们分乘几条船，历经艰险，最后在意大利西海岸登陆。当地的国王把自己的女儿嫁给伊尼亚，难民们也得到安置。以后伊尼亚的儿子继承王位，迁移到台伯河下游，在那里建立了一座亚尔巴龙伽城。

不知又过了多少年多少代，传到依米多尔做亚尔巴龙伽城国王的时候，王位被他的弟弟阿穆留斯篡夺了。阿穆留斯为确保僭取的王位，便强迫依米多尔的女儿西里维亚做了不能结婚的女祭司。事有凑巧，一日，美丽的西里维亚来到一条小河边休憩，路过的战神玛尔斯对其一见钟情，竟使她怀孕，后来生下一对孪生儿子。阿穆留斯闻知大怒，立即处死了西里维亚，并下令将孩子

·古罗马名城·

庞贝：位于意大利那不勒斯东南维苏威火山脚下。兴建于公元前 8 世纪，公元前 88 年成为罗马的一个行政省（公元 79 年被维苏威火山湮没）。城内有罗马最大的露天竞技场、公共浴室。

君士坦丁堡：位于欧亚两洲之间的一个三角形半岛上。建于公元前 7 世纪，公元 330 年被定为东罗马都城，是古代世界中最伟大的首都之一、西方世界首屈一指的名城。

迦太基：位于突尼斯首都突尼斯东北处。兴建于公元前 814 年，公元前29年成为罗马行省的省会。它是罗马经济、文化、宗教、政治中心，3 世纪中叶开始衰落。目前遗留有露天剧场和安东尼浴室等著名建筑。

扔进台伯河淹死。然而，装孩子的篮子却在河口附近被岸边茂密的灌木丛挂住了。兄弟俩的哭声引来一只找水的母狼，于是把他们衔走，给他们喂奶，从而保住了两条小命。再后来，他们被一个牧人发现，抱回家抚养，取名罗慕洛和勒莫。兄弟俩长大后，成为远近闻名的勇士。当他们得知自己的身世后，便率领当地的牧羊人去攻打亚尔巴龙伽城，杀死阿穆留斯，把王位交还给了外公侬米多尔。

之后，两兄弟回到牧人发现他们的台伯河畔，在帕拉丁山冈兴建新城。新城奠基之时，兄弟二人却因城市的命名问题发生争执，结果罗慕洛杀害了勒莫，以自己的名字称呼这座城市，后来慢慢就演变成了现在的名称——罗马。

罗马从传说中的罗慕洛建城到公元前 509 年罗马共和国的建立，这一段历史习惯上被称为“王政”时代。王政时代是罗马从氏族社会（父系）向阶级社会过渡的时代。

王政时代的罗马是一个大的部落联盟，也就是罗马人公社。它由3个特里布组成，每个特里布包括10个库里亚，每个库里亚包括10个氏族，共计300个氏族。

王政时代前期，罗马实行“军事民主制”的管理制度。它的主要管理机构有库里亚大会、元老院和勒克斯。库里亚大会即罗马的民众大会，由各氏族的成年男子参加。它有权通过或否决一切法律，选举包括勒克斯在内的高级公职人员，决定战争和审判重大案件。元老院，即长老议事会，由300个氏族族长组成，有权预先讨论向库里亚大会提交的议案，还直接掌握收税、征兵、媾和等重要职权。勒克斯由库里亚大会选举产生，是罗马的军事

抢夺萨宾女子 17世纪 彼得罗·科尔托纳

相传，罗马城建好后，罗慕洛曾邀请邻近各部落前往参加庆典活动。萨宾人最喜热闹和竞赛，所以来的人特别多，还携带着妻子儿女共同来看新建的罗马城。那一天，他们尽兴地玩乐，拼力地参加各项比赛，整个罗马城沉浸在一片欢腾之中。可是，突然间罗慕洛发出了预定的行动信号，罗马的男人们顿时倾巢出动，冲向狂欢的人群，把各自看中的萨宾姑娘抢到手，而用棍棒把他们毫无准备的父兄赶出城去。

首长、最高法官和祭司长。王政时代后期，由于铁器工具的普遍使用和受伊达拉里亚文化、希腊文化的影响，社会经济发展显著，财富积累明显，古老的氏族制度面临着瓦解，家长制家庭逐渐从氏族中分化出来，成为社会的基本经济单位，贫富进一步分化，私有制和阶级关系逐渐萌芽。社会上出现了贵族和平民、保护人和被保护人的对立。军事民主制中的民众意志逐渐淡化，王权意志日益增强，罗马社会正在急剧地向阶级社会过渡，塞尔维乌斯的改革，又加速了这一历史进程。

公元前6世纪后期，罗马的阶级分化逐渐加剧，平民和氏族贵族之间的矛盾日趋白热化。第六王塞尔维乌斯（约公元前578～前534年在位）为了适应历史潮流，也为了有利于伊达拉里亚人的统治，依靠平民的支持，对罗马社会进行了改革。改革的主要内容有：

重新登记罗马居民，并按财产数量划分为5个等级，这些等级提供数目不等的百人队（森杜里亚）。无产者不入级，他们只象征性地组织一个百人队，共193个百人队。创设百人队大会（森杜里亚大会），取代库里亚大会并代行其职权。百人队的成员都可参加，每个百人队有一票表决权，这样第一等级可以凭借其百人队数量上的优势（98个），操纵表决。把罗马公社按城区划分为4个地域性部落，以取代原来的3个血缘部落。新成立的地域性部落也叫特里布，每一个特里布有自己的首领和统一的宗教信仰。

公元前509年，罗马推翻了伊达拉里亚人“高傲者”塔克文的统治，推举布鲁图和柯来提努为执政官。罗马从此结束了王政时代，进入了共和国时代。

希波战争

希波战争是由于波斯帝国向西扩张而引起的。从公元前 546 年开始，波斯先后征服了小亚细亚各希腊城邦，截断了希腊与黑海的交通，占领色雷斯和黑海海峡。黑海沿岸本是希腊各城邦特别是雅典的粮食供应地、商品销售及奴隶来源的场所。波斯的占领直接威胁着希腊各邦的生存和经济发展。公元前 500 年，小亚细亚希腊人发动反对波斯的武装起义。首先发动起义的城邦米利都请求希腊半岛各邦协同作战，但仅有雅典和爱勒多利亚派出 25 艘战舰前来支援。大流士一世派兵于公元前 493 年攻占米利都，并以雅典人曾援助米利都起义为借口，发动了远征希腊本土的侵略战争。

列奥尼达斯在温泉关战役中

在温泉关战役中被敌人重重包围时，列奥尼达斯解散了他的部队，只留下 300 名近卫队员战斗到全军覆没。关于斯巴达人永不投降的传说就来源于他的事迹。

因此，希波战争的直接原因是波斯对小亚细亚希腊人的压迫以及由此引起的反抗和雅典等邦的

这幅瓶画表现了一个希腊人被击倒后反戈一击，举剑砍向波斯人的情景。

干预，更深一层的原因则是波斯统治者拓疆辟土的侵略野心及由此产生的对希腊各邦发展造成的严重威胁。

公元前492年夏，大流士一世派水陆两路大军沿色雷斯海岸南下，向希腊半岛进攻，但无功而返。此后，波斯一面继续备战，一面派遣使臣进行外交讹诈，遭到雅典、斯巴达等邦的严词拒绝。

两年之后，大流士一世调集10万大军第二次远征希腊。波斯军在距雅典40多千米的马拉松草原登陆，马拉松会战开始。这是一场力量极为悬殊的较量。

当时，雅典城内仅有1万多名士兵。统帅米太亚得根据马拉松平原三面环山一面濒海，地形狭长的特点，抢先占领了战略要地，层层设防，封锁住通往雅典的道路，并派士兵中的健将斐力庇第斯去斯巴达求援。斐力庇第斯星夜赶路，整整两天两夜，跑了240千米，终于9月9日到达斯巴达。而斯巴达国王因宗教惯例，在月圆之夜不能立即发兵。

米太亚得曾在波斯军队服役，非常熟悉波斯军平原作战中央突出的特点。于是他将方阵重兵和骑兵的主力布置两翼，中间安排较弱的方阵重甲步兵来引诱波斯人的进攻。战争一开始，米太亚得指挥中间兵力边战边退，波斯骑兵步步紧逼。等到波斯主力进入伏击阵地后，雅典两翼方阵重兵和骑兵潮水般掩杀过来。波斯军队大败，从海上仓皇退走。

马拉松战役虽然失败了，但是波斯人西侵的野心还是不能收敛。公元前486年，薛西斯继承王位后，又开始积极备战。公元前480年，薛西斯率领大军50万，战舰1200余艘，又分水、陆两路向希腊进发。

面临波斯军的大兵压境，包括雅典、斯巴达在内的30多个希

·《希腊波斯战争史》·

《希腊波斯战争史》常称为《历史》，它的作者是古希腊第一个著名史学家——希罗多德（约公元前484～前425年）。全书共9卷，按内容基本上可以分为两大部分，第一部分是序文，叙述了黑海北岸的西徐亚人、希腊城邦及波斯帝国的历史、地理、民族和风俗习惯，导引出东西双方冲突的起源，并记述了希波战争爆发的历史背景。第二部分是主要部分，集中叙述了希波战争的经过和结果，从公元前549年小亚细亚的爱奥尼亚人反波斯统治的起义写到公元前478年希腊人占领色雷斯的赛司托斯城。

《希腊波斯战争史》一书内容丰富，非常生动地叙述了西亚、北非以及希腊等地区的地理环境、民族分布、经济生活、政治制度、历史往事、风土人情、宗教信仰、名胜古迹等，宛如古代社会一部小型“百科全书”。该书是人类历史上第一部具有世界性的通史著作，是第一部用历史叙述体写成的历史著作。希罗多德创立的以史实为中心的记叙体成为后来欧洲历史著作的正规体裁。

腊城邦，组成反波斯联盟，一致推举最擅长军阵指挥、最勇猛善战的斯巴达国王列奥尼达斯为统帅。列奥尼达斯决定在温泉关阻止波斯陆军插入希腊腹地，使他们不能与海军会合。

温泉关地势险要，隘口很窄，只能容一辆战车通过，是希腊的一道天然屏障。波斯人连续发动几次进攻，都被顽强的希腊联军击退。波斯人死伤惨重，进军受阻。

就在双方僵持不下的时候，波斯人在俘虏的一名希腊联军士兵带领下，沿秘密小道直插温泉关后方。波斯军长驱直入至中希腊，占领了阿提卡。雅典军民在泰米斯托克利的领导下，同波斯军在萨拉米海湾展开了世界古代史上绝无仅有的殊死决战。经过一整天的激战，雅典海军击败了拥有 1000 多艘战舰的波斯海军。此战扭转了整个战争局面，奠定了希腊人胜利的基础。希腊军从防御转入进攻，战争进入后期阶段。

公元前 478 年，对海外利益不感兴趣的斯巴达退出战争，雅典至此取得了领导权。同年冬，主张继续作战的各邦代表会聚提洛岛，正式结成以雅典为首的“海上同盟”，史称“提洛同盟”。这个同盟逐渐变成雅典同斯巴达争霸希腊的工具。与此同时，提洛同盟军队继续同波斯作战，先后占领了波斯在爱琴海域和小亚细亚南岸的许多地方。

公元前 449 年，雅典与波斯都无力彻底战胜对方，不得不握手言和，签署了停战协定。结果，波斯放弃爱琴海的霸权，允许小亚细亚希腊城邦独立。因雅典谈判代表是卡利阿斯，便把这次和平协定称为《卡利阿斯和约》。至此，希波战争以希腊，尤其是雅典的胜利而告终结。

雅典的民主

在当时的雅典，除了奴隶和奴隶主之间的矛盾以外，还有奴隶主内部的贵族派（贵族奴隶主）与民主派（工商业奴隶主）和自由民之间的矛盾。贵族派极力限制民主派和自由民的权力，维护自己的既得利益，而民主派和自由民则千方百计要扩大自己的权力，削弱贵族派的权力。

当时雅典当政的是著名的政治家伯里克利，他虽然出身贵族，但却站在民主派一边，经过几个回合的较量，在广大雅典公民的支持下，由贵族派把持的掌握雅典大权的元老院不得不将权力移交给民主派控制的公民大会。

伯里克利为了了解民意，经常深入广大的民众，和他们交谈，倾听他们的意见。遇到和他意见不同的人当众辱骂他，他也不生气，也不逮捕对方。在伯里克利时期，雅典达到了全盛，所以这一段时期又称为“伯里克利时代”。

公民大会是雅典的最高权力机关，凡是年满20岁的雅典男性公民都有权参加，但妇女、奴隶和外邦人则无权参加。每10天公民大会都要举行一次会议，讨论关于内政、外交、战争、和平等重大问题，每一个公民都可以上台发表自己的意见。由会议主持人登台宣读提案，再由支持或反对提案的人轮番上台发表演讲。台下的听众则用欢呼和嘘声来表示赞成和反对，但绝不能打断发言者的演讲，否则将会被驱逐出会场，甚至罚款。上台演讲的人也要尊重别人，否则会被禁止发言和剥夺荣誉。如果几个人同时要求发言，则按年龄大小排序。它的常设机构是500人会议，成员由贵族奴隶主、工商业奴隶主和自由民组成。

公民大会最重要的会议是选举大会。到了这天，会场上座无虚席。以前雅典的法官、军人、议员和公职人员都没有薪俸，连当兵都要自己购买盔甲、武器和马匹，所以这些职位都被有钱人把持着。

伯里克利执政后，宣布军人和公职人员由国家发给薪俸，这样一来，普通公民就可以担任法官、军人、议员和其他公职人员了，这就扩大了普通公民的民主权利。选举大会主要选举10名将军、10名步兵统帅、2名骑兵统帅和1名司库员。这些职位涉及军队和国库，非常重要，当大会主持人念到候选人名字时，公民举手表决，得票最多的人当选。

其他的官员如执政官、法官、监狱官等，用抽签的方式决定。抽签在神庙中进行。一个箱子里放着候选人的名字，另一个箱子里放着黑豆和白豆。抽签时，主持人先抽出一个候选人的名单，在另一个箱子里拿一个豆子。如果拿到的是白豆，那么这个候选人就当选了，反之就是落选。

在选举大会两个月后，原来的公职人员开始向新当选的公职人员移交权力。

雅典的民主制度在当时属于一种非常进步的制度，但仍是奴隶制下的民主，归根到底是为统治阶级服务的，具有很大的局限性。

伯罗奔尼撒战争

希波战争后，雅典成为希腊的最大势力，引起斯巴达及其领导的伯罗奔尼撒同盟的不满和敌视。两者不可调和的政治、经济矛盾最终导致了伯罗奔尼撒战争的爆发。

伯罗奔尼撒战争前后历时27年（公元前431 ~ 前404年），分三个阶段进行：公元前431 ~ 前421年为第一阶段，公元前415 ~ 前413年为第二阶段，公元前413 ~ 前404年为第三阶段。公元前431年，伯罗奔尼撒同盟成员底比斯袭击雅典盟邦布拉底引发战火。5月，斯巴达国王率领精锐部队6万余人，向阿提卡进军，战争全面爆发。

雅典的统帅伯利克利是位杰出的政治家和军事家，他对局势认识清楚，要想在战争中胜利或逼和斯巴达，必须避其长击其短。于是，他采取陆上取守势，海上则取攻势的对策，命令军队陆战以守为主，派舰船侵袭伯罗奔尼撒半岛沿海地区。

就在斯巴达不断对阿提卡进攻时，雅典的海军在伯罗奔尼撒半岛开始登陆，严密封锁伯罗奔尼撒半岛海岸港口，断绝斯巴达海上与外界的联系，并煽动斯巴达的奴隶希洛人举行起义，斯巴达陆上进攻受到极大牵制。整个战争按照雅典人的预想进行。

但不幸却降临在雅典人头上，公元前430年，雅典城内人口密集，发生严重瘟疫，死者甚众。雅典国王伯利克利在这场瘟疫中丧生，他的不幸去世使战争从防御战争变成新任统帅克里昂主张的侵略性战争。公元前425年，雅典海军占领了美塞尼亚西岸的皮洛斯及其附近的斯法克蒂里亚小岛，斯巴达亦陷困境。为避开强大的雅典海军主力，斯巴达国王命令柏拉西达将军率领一支精锐部队由小道穿过希腊半岛，向北绕到雅典背后进行攻击，对

·《伯罗奔尼撒战争史》·

《伯罗奔尼撒战争史》的作者修昔底德（约公元前460～前396年）是古希腊伟大的历史学家。《伯罗奔尼撒战争史》按年代顺序记叙战争，分八卷，内容可分为五个部分。

第一部分即第一卷，是绪论，共11章。第一章是序言，说明早期希腊的历史及作者著作历史的方法和目的。第二章至第十一章说明这场战争的远因和近因。第二部分是第二卷至第五卷第二章，叙述公元前431年至公元前421年的10年战争的情况。第三部分包括第五卷第三章至第七章。记述订立尼阿斯和约至西西里远征之间五年半的历史。第四部分包括第六、第七两卷。记载公元前415年至前413年间雅典人的西西里远征及其全军覆没的情况。第五部分即第八卷，共8章，记载战争的最后阶段最初两年间的历史，写到公元前411年冬季突然中断。《伯罗奔尼撒战争史》作为西方古典史学名著，开创了狭隘政治军事史的体例。修昔底德对史料采取科学的处理原则，不是任何一则材料尽信之，而是考证真伪，对史实叙述采取冷静客观的态度，同时还采用人本主义史观，没有把超自然的力量看成是决定人类命运的神秘力量。在书中还体现了历史进化论思想的萌芽，这在西方史学著作中尚属首次。

伯罗奔尼撒战争绘画
几乎所有希腊的城邦都参加了这场战争，其战场涉及了当时整个希腊语世界。这场战争结束了雅典的黄金时代，结束了希腊的民主时代，强烈地改变了希腊国家的命运。

雅典同盟进行说服，并攻下安菲波利斯。

公元前422年，双方在安菲波利斯展开对决。斯巴达军分3路，中路出城诱敌，南北两路埋伏，出奇制胜。雅典军队惨遭伏击，乱作一团，溃不成军。斯巴达骑兵乘胜追击，一举杀死雅典统帅克里昂。斯巴达统帅柏拉西达在乱军中也被杀死。

双方失去统帅，战争只好暂时停止。公元前421年，雅典主和派首领尼西阿斯与斯巴达缔结《尼西阿斯和约》。条约规定：交战双方退出各自占领地，交换战俘，保持50年和平。然而，导致战争的基本矛盾依然存在。

雅典和斯巴达在希腊争霸的野心并没有消除。和约签订后的第6年，雅典调集134艘三桨战船、130艘运输船、5100名重步兵、1300名弓弩手共约2.7万人，组成雄壮的远征军由亚西比德统率向西西里进发，与科林斯、斯巴达军展开激战。很快雅典人便攻占了叙拉古城北的卡塔那，并计划下一步攻占有“西西里钥匙”之称的叙拉古城，战争发展极为顺利。

但惊人的意外发生了，雅典国王命令亚西比德回国受审。原来，雅典城内的海尔梅斯神像被人毁掉。亚西比德因一贯不敬神而被诬陷，还将被判处死刑。亚西比德一怒之下，在回国途中逃往斯巴达。对雅典战略战术一清二楚的亚西比德的投降给几乎绝望的叙拉古城人带来转机，再加上斯巴达援军赶到，战势发生了转变，斯巴达在埃皮波拉伊重创雅典军。雅典军无奈只好撤军，但撤军当晚发生月食。相信月食会带来凶险的雅典士兵不肯登船撤退。斯巴达抓住时机，封锁港口，切断陆上要道，包围了雅典军队。公元前 413 年 9 月，雅典全军覆没，尼西阿斯被杀。经此严重打击，雅典渐失其海上优势。

西西里之战后，斯巴达又加强陆上进攻。公元前 413 年，斯巴达军大举入侵阿提卡，并长期占领德凯利亚（雅典城北部），破坏和消耗雅典力量。

公元前 411 年，雅典海军在阿拜多斯，次年在基齐库斯，先后打败斯巴达海军。斯巴达则寻求波斯援助，增建舰队，要与雅典海军作最后的较量。公元前 405 年，斯巴达海军在波斯人的援助下一举全歼雅典海军，从此斯巴达成为希腊的霸权国。公元前 404 年雅典投降，被迫接受屈辱的和约：取消雅典海上同盟（即提洛同盟），拆毁长墙工事，舰船除保留 12 艘警备舰外，余皆交出，解散雅典同盟。长达 27 年的伯罗奔尼撒战争结束了，斯巴达取得了希腊霸权。

伯罗奔尼撒战争属于希腊的一场内战，但其牵涉面之广、损失之巨、杀戮之残酷却远远甚于希波战争。整个希腊民穷财尽，政治走向无存，文化遭到破坏，希腊文明由鼎盛走向了衰落。战后，希腊各邦都陷入了危机之中。战争使贫富两极分化进一步加剧，土地和财富日益集中在少数人手中，而中小奴隶主经济日益被大奴隶经济所排挤，城邦的经济基础——小农和小手工业经济逐渐崩溃，这些都成为城邦危机的根源。由于两极分化严重和大奴隶主经济的发展，导致各邦内部阶级斗争趋于尖锐。奴隶主与奴隶、富人与穷人彼此仇杀，互相报复。这表明城邦体制已满足不了现实政治的需要了。

伴随着希腊各邦内部的危机，城邦间的矛盾也在不断加深，导致了希腊出现争霸和混战的局面。当时在希腊城邦体制之内，已没有一种力量有能力统一各邦。随着希腊城邦的衰弱，位于半岛最北部的马其顿对希腊的征服和统治条件日益成熟了。

马其顿人本为希腊人同族，但其文明发展却比希腊人晚了许多。公元前 5 世纪后期至公元前 4 世纪初期，马其顿开始形成奴隶制国家。国王腓力二世（公元前 359 ～前 336 年）统治马其顿期间，进行了一系列改革：加强王权，改革币制以加强对外贸易，建立常备军，开采金矿以增加财力。经过改革，马其顿迅速发展成为军事强国。

腓力二世凭借强大的武装力量，利用希腊各邦之间的矛盾，

形成了对希腊半岛的吞并之势。面对马其顿的威胁，希腊各邦内部分成了两种对立的派别：亲马其顿派和反马其顿派。前者由大奴隶主阶级的代表人物组成，期望借助马其顿的军事实力，挽救城邦危机并对外进行扩张；后者由工商业奴隶主阶层组成，极力反对向马其顿的妥协，力图维护城邦独立。小农和小手工业者基本站在反马其顿派一边，愿意城邦独立。两派立场截然对立，斗争非常激烈。这种局面反而加剧了城邦内部矛盾，有利于马其顿的征服。公元前 338 年，腓力二世在中希腊的喀罗尼亚大败雅典等组成的希腊联军，此战确立了马其顿在希腊的霸权地位。

第二年，腓力二世在科林斯召集希腊各城邦会议（仅斯巴达未参加）。会上决定组成以马其顿为首的同盟会议，宣布由马其顿领导希腊各邦对波斯进行复仇战争。科林斯会议结束了希腊的城邦时代，希腊历史进入了马其顿帝国军事独裁统治的时期。

在这幅画面上，雅典方阵的前列士兵正踏着双管长笛的音乐迎战斯巴达方阵的前列士兵。双方的军事力量按其地理环境而各有优势，雅典领导的同盟主要由爱琴海中的岛屿和滨海城市组成，因此它们的强处在于海战；斯巴达的联盟主要由伯罗奔尼撒半岛和希腊中心地区的城市组成（科林斯是一个例外），它们是陆地国家，长处在于他们的长矛兵。

罗马的征服与扩张

萨宾妇女 油画

罗马建城之初经常与其邻近的萨宾部落发生激烈冲突，这幅画表现的是萨宾妇女调停罗马人与萨宾人争斗的情景。

罗马共和国刚刚建立之时，只是台伯河左岸拉丁姆地区的一个小城邦。周边不仅有伊达拉里亚人、萨莫奈人、埃魁人等强邻，还不时受到来自半岛南部的希腊人、波河流域的高卢人的军事威胁。面对这种局面，刚刚建立的罗马国家对外发动了统一意大利的征伐。

罗马征服意大利的第一步是征服伊达拉里亚人。这场“维爱”战争从公元前477年开始，先后进行了3次，直到公元前396年最后攻占了维爱城，既解除了北邻的威胁，又使罗马的领土扩大了一倍。公元前4世纪初，罗马城一度被高卢人占领，但占领者在索得1000镑黄金后撤走。公元前343～前290年，又发生了3次萨姆尼乌姆战争，其间罗马人曾惨败于考地安峡谷之战。

公元前321年，罗马军主力在林木丛生的考地安峡谷遭受萨姆尼乌姆人伏击。两名罗马执政官为了保住他们被围困的5万青年士兵的生命，被迫缴械投降，并接受“轭门下通过”之辱。具体做法是，把两支长矛插入土中，再把另外一支长矛横在顶上做成门状，让战俘一个个从下面走过。据说这是罗马人常用以屈辱别人的方法。萨姆尼乌姆人正是“以其人之道，还治其人之身”。在萨姆尼乌姆将军蓬提阿斯面前，5万罗马士兵身着短装，排成单行，在两名执政官带领下从轭门下屈辱地走过。罗马人认为将这种办法加在他们头上，“比死亡更坏”。当这些被俘者返回罗马时，罗马城笼罩在一片悲哀气氛之中，两名执政官的权力当即被剥夺。因此，“考地安轭门”成为罗马国耻的象征。

罗马人重组军队，卧薪尝胆，积极备战。5年后，撕毁“决不再跟萨姆尼乌姆人作战”的和约，卷土重来。经长期苦战后，终于战胜萨姆尼乌姆人，将半岛中部地区纳入自己版图。

接着，罗马开始蚕食意大利南部。那里的希腊殖民城邦他林敦向伊庇鲁斯国王皮洛士求援。皮洛士率远征军突入意大利，连战连捷，但却付出了巨大伤亡代价。战后他无比懊丧地说：“再有一次这样的胜利，我就要变成光杆司令了。”因而，人们以“皮洛士的胜利”作为得不偿失的代名词。后来罗马与迦太基结盟，迫使皮洛士于公元前275年退出意大利。3年后，孤立无援的他林敦向罗马投降。

罗马在征服意大利之后，没有派人直接管理被征服地区，也不是采取同一政策，而是按照各地、各部族在被征服过程中的表

布匿战争的受害者

这是拜占庭壁画中的局部，描绘了罗马大军攻破叙拉古城时，古希腊物理学家阿基米德仍沉醉于数学的研究之中，他双手保护着正在使用的计算工具，两眼惊慌失措。

现和对罗马的态度以及他们各自在经济上、战略上的地位等综合因素，将其划分为5种类型，分而治之。

罗马在争夺地中海霸权的过程中，首当其冲的便是征服西部地中海区域另一强国迦太基。迦太基是公元前9世纪腓尼基人在北非建立的商业殖民城市，到公元前7世纪时，它已成为囊括北非西部沿岸、西班牙南部、巴利阿里群岛、撒丁岛、科西嘉岛和西西里岛的强国。一个迦太基海军将领曾扬言："不经我们的许可，罗马人不能在海中洗手。"这样，当罗马兵锋指向西部地中海时，一场两强争霸的战争遂不可免。因罗马人称腓尼基人为"布匿"，所以两国之间的战争被称为"布匿战争"。

从公元前264～前146年，布匿战争先后进行了3次。罗马最终消灭了迦太基。

在布匿战争进行的同时，罗马还通过西班牙战争、马其顿战争和叙利亚战争完成了对西班牙、希腊、马其顿和小亚细亚的征服。

罗马的对外扩张和掠夺极大地促进了奴隶制经济的发展和阶

级关系的变化。罗马奴隶主在战争中掠夺了大量财富，侵占了大片土地，俘获了数以万计的战俘。这就为奴隶制的进一步发展奠定了基础，而同一时期罗马社会经济的普遍高涨，也为大规模地经营和使用奴隶提供了可能。

公元前 3 ~ 前 2 世纪，罗马奴隶制发展的一个重要特征，就是奴隶劳动带有明显的商品生产的性质。

罗马对地中海世界的征服和奴役，加速了它的手工业，特别是商业和高利贷业的发展。而伴随而来的是罗马社会又兴起了一个新兴的富有阶层——骑士。骑士的生活目标是发财致富，而不看重门第和权力，不关心国家和公共福利。

·布匿战争·

罗马在经过 200 多年的征战，统一了意大利半岛之后，为争夺地中海的霸权，于公元前 3 世纪至公元前 2 世纪，与迦太基发生了几场战争。罗马人称迦太基为布匿，因此这场战争又被称为布匿战争。第一次布匿战争（公元前 264 年 ~ 前 241 年）是为争夺西西里而引起的，此战争以迦太基的失败而结束。第二次布匿战争（公元前 218 年 ~ 前 201 年）是因为罗马势力扩张到迦太基控制的西班牙城市萨干坦而引起的，迦太基先胜后败。第二次布匿战争后，迦太基在经济上仍有复兴之势。罗马为了防止迦太基人重新崛起，又于公元前 149 年发起第三次布匿战争。但罗马军围攻迦太基城两年都没有成功。公元前 146 年春，迦太基发生饥荒，疫病流行，罗马军终于破城而入。迦太基城沦陷后，迦太基人被卖为奴隶，罗马在原迦太基国土上设立了阿非利加省。从此，作为独立国家的迦太基不复存在。

亚历山大大帝

亚历山大帝国是在马其顿王国的基础上建立起来的。古马其顿位于希腊半岛北部，大体上相当于今天的南斯拉夫、保加利亚和希腊相互毗连的部分。公元前5世纪后期至公元前4世纪初期，马其顿王国初步形成。随后的科林斯会议，标志着希腊城邦独立时代的结束和马其顿在希腊霸权的确立。

公元前336年夏，正当马其顿与希腊联军准备进军波斯之际，马其顿发生了宫廷政变。在这个突如其来的政变后，腓力二世在其女儿的婚宴上被刺身亡，年仅20岁的儿子亚历山大随之继位。从儿童时代起，亚历山大就有了称霸世界的志向，梦想着建立丰功伟业。据说，每当他获悉父亲胜利的消息时就会发愁，唯恐自己会因此而不能享受到征服世界的光荣。从16岁起，他就随父征战，在著名的喀罗尼亚战役中，他指挥马其顿的骑兵，锐不可当地击破了敌人的右翼，为战役的胜利立下了功劳。亚历山大少年时曾师从希腊著名学者亚里士多德，深受希腊文化的熏陶，并一度随父参加喀罗尼亚战役。因此，他即位时已是一位具有相当政治、军事才能的人物了。当时，国内形势非常紧张，腓力二世创造的希腊联盟以及先后征服的北方属地，都纷纷叛变。亚历山大以他卓越的军事才能，击败各种反叛势力，巩固了马其顿在希腊的霸主地位。

亚历山大骑马雕像
在一次突围中，亚历山大骑着布斯法鲁斯率军粉碎了波斯军队的进攻。该图见于他的下属西顿王的石棺。

平定内乱后，亚历山大立即开始了对东方的远征。

公元前334年春，亚历山大率步兵3万、骑兵5000和战舰160艘，向波斯大举进攻。这时，波斯帝国已趋衰弱，大流士三世又昏庸无能，根本无力同强大的亚历山大军队相抗衡。马其顿、希腊联军渡过赫勒斯滂海峡后，占领了小亚细亚半岛。第二年，亚历山大又挥师南下，攻打叙利亚，与波斯皇帝大流士三世的60万兵马展开了著名的“伊苏之战”。战役开始后，他率领精锐的右翼重装骑兵，突然以凌厉的攻势攻击敌方左翼，然后直取大流士，使波斯军队全线溃败，还俘虏了大流士三世的母亲、妻子和两个女儿。亚历山大拒绝了大流士三世的求和，接着又打败了波斯海军的主力推罗海军，控制了地中海，进而兵不血刃地占领了埃及，

这是一幅表现不戴头盔的亚历山大大帝追击大流士战马的图画。

最后在公元前331年春天挥师两河流域，开始进攻波斯本土，同年9月，在古亚述首都尼尼微附近的高加米拉与波斯军队展开了决战。波斯兵力号称百万，并有200多辆刀轮战车，但还是遭到惨败。大流士三世东逃，为巴克特里亚总督所杀，后者在不久又被亚历山大擒获并处死，盛极一时的波斯帝国最终覆灭在亚历山大的铁骑之下。

后来，亚历山大还进兵中亚细亚，遭到游牧部落的强烈抵抗。公元前327年，他率军南下入侵印度，又遭到印度人民的反抗，加之士兵水土不服，厌战情绪空前高涨，亚历山大才不得不停止远征，于公元前325年返回新都巴比伦，历时10年之久的东征到此结束。

亚历山大出征时，是马其顿、希腊联军的统帅，充其量是个巴尔干半岛的小霸主。经过长达10年的征战，建立了地跨欧、亚、非3洲的奴隶制大帝国，其疆域西起希腊半岛和马其顿，东到印度河上游流域，南达尼罗河第一瀑布，北至中亚的药杀水（今锡尔河）。其领土之广阔，可谓空前。随着他的远征，不少希腊学者来到东方，研习当地的科学与文化，直接促进了东西方科学文化的互补和交流；为了鼓励马其顿人和东方人的融合，他竭力鼓励马其顿人和东方人通婚，自己首先带头娶了大流士三世的女儿。采取各种积极措施，亚历山大把希腊推向了鼎盛。

公元前323年6月13日，亚历山大在准备再次远征时，患病逝世，终年33岁。

·马其顿方阵·

马其顿方阵是马其顿国王腓力二世在希腊方阵的基础上创立的阵型，亚历山大大帝常将它与骑兵配合，称为钻锤战术。

马其顿方阵中共有256名士兵，分为16排，每排16人。士兵们全身披挂青铜头盔、胸铠和胫甲，手持盾牌、利剑和长矛。矛长达6米，后排的矛更长，前5排的枪尖都搭到第一排士兵的肩膀上。这样后几排长矛与前几排长矛就能保持同等长度，能一起刺击敌人。作战时，整个方阵常常以密集队形跑步向前推进，正面攻击力非常强，势不可挡。亚历山大大帝就曾靠马其顿方阵击败了希腊、波斯。但这种方阵也有很大缺点。一旦敌人突破侧翼和后方，方阵中的长矛兵就无法抵挡手持短兵器的敌人的近身厮杀，而且只要驱散两翼骑兵，长矛手就会遭到敌人弓箭手的射杀。另外，马其顿方阵对地形的要求很高，在山地和丘陵地带难以保持阵型。公元前168年，古罗马军团大破马其顿方阵，马其顿方阵随之退出了历史舞台。

亚里士多德

在历史上很少有人能够对多个学术领域产生巨大的影响，而亚里士多德就是这少数人的其中之一。他的研究涵盖了所有当时已知的学科，在例如政治学、逻辑学、星象学、物理学以及神学等方面均有突出建树。

亚里士多德生于公元前384年马其顿的一个海港城市斯丹格里斯，可能是有史以来最有影响力的思想家。他的父亲是马其顿国王阿明他斯三世的御医。亚里士多德在童年时代就父母双亡，公元前367年，亚里士多德的监护人将他送至位于雅典的学术研究院学习，而该院的创办人就是伟大哲学家柏拉图（约公元前428～前348年）。柏拉图死于公元前348年，正值当时雅典的反马其顿思想盛行的时候，于是亚里士多德离开了这座城市。接下来的几年他行游小亚细亚，并学习自然历史。

阿明他斯驾崩后，他的儿子腓力二世继位。公元前342年，腓力二世聘请亚里士多德为太傅，指导他14岁的儿子亚历山大的课业，而这个孩子就是之后赫赫有名的亚历山大大帝。公元前336年腓力二世遇刺身亡，之后亚历山大就很少有时间上课了，而亚里士多德也就回到了雅典。公元前335年，他在雅典建立了一所学校，称作学园——因为学校的建筑群靠近狼神阿波罗·里凯奥斯神庙。这所学校也称作逍遥学派学校，因为亚里士多德喜好一边在院子里闲逛，一边布道讲学。公元前 323 年，亚历山大驾崩，又引发了全民反马其顿情绪，亚里士多德被迫逃亡到了希腊东部的埃维厄岛上的卡尔西斯，即他母亲的出生地。公元前 322 年，他在那里逝世。

亚里士多德兴趣广泛，在哲学、逻辑学、政治学、生物学、物理学、星象学和宇宙哲学方面留下了 47 部著作，而他的这些著作和讲学笔记直到他去世之后很久才编辑出版。

在《推理法》一书中，亚里士多德拟定了正式的逻辑学规则，即从已知条件得到一个必要性结论的推理艺术。这一直是逻辑学的根基，直到 19 世纪时被数理逻辑（一种近似数学的学科）取代。现在的逻辑学学生在学习数理逻辑之前还得先学习亚里士多德的《推理法》。《形而下学》一书包含他对物理学和宇宙哲学的研究，其中包括一篇题为《星相学》的论文，文中亚里士多德试图找到一种对天气现象的自然解释。也正是这部著作定义了我们今天常用的术语——气象学。

《雅典学园》绘于 1510 年，是意大利文艺复兴艺术家拉斐尔的作品。这是一幅描述亚里士多德以及其他古代哲学家参加一次学术探讨会的壁画。

但是亚里士多德《天堂》中关于星象学的想法就不那么成熟了，亚里士多德摒弃“无限”的概念，他坚信宇宙是由一系列以地球为球心的同心球组成的。如果最外层的球面是在无限远处，那么其上的行星就不能在有限的时间之内完成它的旋转周期。他也同样不接受“真空”的存在，因为他认为一个移动的物体在真空中将不会遇到任何阻碍，从而获得无限大的速度。

当然，亚里士多德也接受主流理论，例如物质是由4种基本元素——土壤、空气、水和火组成的。但他自己还加上了第5种元素——以太（一种构筑天界的物质）。他坚信地球与天界遵循着不同的运行规则，在地球上，任何东西都可以被侵蚀，并且会产生变化，而天界则是永恒不变、完美无瑕的。

亚里士多德证明地球是球形的，因为他在一次月食的观测中发现地球在月亮上的投影是有弧线边缘的。他同时发现，当人们向南或向北走时，夜空中新的恒星会出现在一侧的地平线之上，而其他的恒星则会消失在与之相反方向的地平线之下。这种现象不需要走很远就能观察到，这就证明了地球并不是很大。亚里士多德估算了地球的直径，得出的结果与真实值相差不超过5%。

亚里士多德最成功的是作为一个生物学家。他辨认出了超过500种动物，而且认真将它们分门别类。他注意到海豚用胎盘为后代提供营养而后将活体产出，于是将海豚归于兽类而不是海洋鱼类（如非胎生的鲨鱼）。他还认为动物是不可能同时拥有长牙和角的。他还描述了鸡胚胎的形成过程以及母牛的“四室”胃。

他使用了若干套分类系统，最重要的是建立在“运动”与繁衍方式的基础上的。亚里士多德认为“内热”是一切运动的能源：

热是由心脏产生的，血液则将这种热传遍全身，然后在脑部冷却。后来，他将动物分为有血动物和无血动物两类，基本上与现在的脊椎动物与无脊椎动物的分类吻合。

亚里士多德相信在繁殖过程中雄性提供形态或灵魂，而雌性则赐予物质和灵魂以生命。父母的“生机热”越多，他们的后代就越类似于他们。胎生动物在所有动物分类中地位最高，随后是产卵动物、体内孵卵的卵生动物、体外受精的卵生动物、出芽生殖动物，最后就是从黏质物或者化脓物质中自发生成的动物（也就是我们知道的微生物）。由这样的排列，亚里士多德总结出了“自然的阶梯”理论，这个理论一直作为动物分类学的基础，直到 18 世纪才被颠覆，因为这个理论是与任何进化论观点相矛盾的。

·纪念死者·

从公元前 6 世纪起，古希腊人就开始制石碑来纪念死去的人们。最早的石碑表现死者的体貌特征，而后来的石碑则记录了死者人生的重大事件。图中是一个女子手捧两只和平鸽，而鸽子象征希腊爱与生育女神阿芙罗狄忒。古希腊神像和石碑一般都会上油彩，所以最初应该是光彩夺目的。古希腊雕塑家使用金属工具将大石块雕刻成为所要的石碑，而石料一般采自当地，多为白大理石和软石灰岩块。大理石与石灰岩块是用一根带有凿边的长金属棒锤击岩石接面而切割下来的，而后，大块的岩石被锯成了石板。

秦统一中国

秦国以秋风扫落叶之势，先后消灭了韩、赵、魏、楚、燕、齐六国。公元前 221 年，秦统一了全国。

秦王嬴政自己从“三皇”和“五帝”两个称号中各取一个字，合起来称为“皇帝”，并且因为他是历史上第一代皇帝，就称“始皇帝”。从此，中国历史上就有了“皇帝”这个称号。

秦始皇设置郡县，把天下划分为 36 个郡，郡以下设县。每个郡都由中央政府直接任命 3 个长官去治理，他们分别是郡守、郡尉和郡监。郡守是一郡最高的行政长官，统管一郡所有的重大事

·驰　道·

驰道是中国历史上最早的“国道”，始于秦朝。公元前 221 年，秦始皇统一六国，秦始皇统一全国后第二年（公元前 220 年），就下令修筑以咸阳为中心的、通往全国各地的驰道。

著名的驰道有 9 条，有出今高陵通上郡（陕北）的上郡道，过黄河通山西的临晋道，出函谷关通河南、河北、山东的东方道，出今商洛通东南的武关道，出秦岭通四川的栈道，出今陇县通宁夏、甘肃的西方道，出今淳化通九原的直道等。秦驰道在平坦之处，道宽五十步（约今 69 米），隔三丈（约今 7 米）栽一棵树，道两旁用金属锥夯筑厚实，路中间为专供皇帝出巡车行的部分。可以说，这是中国历史上最早的正式“国道”。

务。郡尉管理治安，全郡的军队由他统领。郡监是负责执行监察方面的事情的官员。

中央政府的组织机构也慢慢成形，秦始皇规定中央朝廷里应设置丞相、御史大夫、太尉、廷尉、治粟内史等几个重要的职务，协助皇帝治理国家。所有这些官员都由皇帝一人任免和调动，薪俸从国库里领取，一概不得世袭。

秦始皇还统一货币，规定以后一律使用圆形方孔、每个重半两的铜钱，以前各国的旧货币全都作废，不许再在市面上流通。

秦始皇还统一了度量衡。秦始皇又下令，一要“车同轨”，二要“修驰道”。车同轨就是规定车轴上两个轮子间的距离，所有车辆两轮子间的距离都定为 6 尺（约合 1.5 米）。修驰道就是修筑从京城咸阳到全国各个重要地方的大路。大路路面一律宽 50 步（每步 6 尺）。

秦始皇又下令统一全国的文字，规定将小篆作为全国统一使用的标准文字。后来秦始皇又命人根据民间流行的字体，整理成一种比小篆更便于书写的字体，叫作隶书，全国通用。

廷尉李斯认为儒生利用历史诋毁秦始皇的政策，并认为他们蛊惑民心。

因此他进言秦始皇实行“焚书坑儒”，结果只剩下农书、医书及求神问卜之类的实用性书籍保留下来，其他书籍均被付之一炬。顽抗的儒生遭到镇压。

秦始皇统一中国以后所实行的废分封、设郡县，统一货币、度量衡、文字等政策，有利于加强国家的统一，有利于推动社会经济文化的进一步发展。这是秦始皇建立的巨大功绩。

罗马的奴隶起义

面对新的形势，罗马奴隶制社会长期酝酿的各种矛盾开始充分暴露出来，各种斗争日趋尖锐。在这期间，爆发了两次著名的奴隶起义——西西里奴隶起义和斯巴达克起义。

西西里奴隶起义发生过两次（公元前137 ~前132年，公元前104 ~前101年），优努斯和克勒翁、萨维攸和阿铁尼奥分别是起义的领袖。他们曾多次打败前来镇压的罗马军队，并一度分别在恩那城和特里奥卡拉城建立起自己的政权，最后均以失败而告终。西西里奴隶起义沉重打击了罗马奴隶主的统治，拉开了罗马共和国后期斗争的序幕。

当罗马忙于第三次米特拉达梯战争的时候，意大利本土爆发

竞技场上的厮杀图

在古罗马，到处都有大规模使用奴隶劳动的大庄园，奴隶被称之为“会说话的工具”。奴隶主为了取乐，建造巨大的角斗场，强迫奴隶成对角斗，并让角斗士手握利剑、匕首，相互拼杀。一场角斗竞技下来，场上留下的是一具具奴隶的尸体。

了大规模的奴隶起义——斯巴达克起义。

公元前 80 年，希腊东北部的色雷斯被罗马征服，战将斯巴达克被俘后沦为奴隶，成为一名供罗马贵族娱乐的角斗士。为了争取自由和权利，公元前 73 年，斯巴达克带领 70 多名角斗士杀死卫兵，逃到维苏威深山里。斯巴达克被推选为起义首领。许多逃亡的奴隶和农民纷纷参加起义军，很快发展到 1 万人，起义军的势力日益壮大起来，影响范围也越来越广。

公元前 72 年，罗马当局派军围剿起义军。维苏威山是断崖山，山后是悬崖峭壁，罗马军把进出的道路封死，欲围困起义军。斯巴达克一边命人在前面吸引敌人的注意力，一边命主力从后山绕到敌后偷袭罗马军。结果大败罗马军，起义军名声大振，队伍进一步扩大。

起义军队伍壮大起来后，斯巴达克决定将队伍转移到罗马实力较弱的意大利北部。罗马元老院命瓦利尼乌斯率领 1.2 万大军分 3 路截击。斯巴达克采取各个击破的策略，先后打败两路大军。两路失败的罗马军与第三路军汇合后继续反攻，将起义军困在山洞里。起义军正好得到了休整机会。休整完毕，起义军在营中点起篝火，吹响号角，迷惑敌人，然后趁夜色从崎岖的小道突破重围。天亮后，罗马军才知中计，急忙率军追赶。起义军又利用有利地势设下埋伏，打了罗马军队一个措手不及。

公元前 72 年初，斯巴达克军队增到 12 万人，已具相当规模。于是，斯巴达克便按照罗马军队的形式将自己的部队进行了改编，除了由数个军团组成的步兵外，还建立了骑兵、侦察兵、通信兵和小型辎重部队。此外，斯巴达克还组织制造武器，对士兵进行训练，并制定了严格的兵营和行军生活规章。起义军声威大震，控制了整个坎佩尼亚平原。不久，斯巴达克决定继续北上，但是他的副手克里克苏由于和斯巴达克产生分歧，拒绝北上，带领3万余人原地留守。

罗马元老院对起义军的发展极为担忧，遂命楞图鲁斯和盖利乌斯统帅2个军团对起义军进行围剿。首先给了留守的克里克苏部致命一击，克里克苏阵亡。然后，罗马军又兵分两路夹击斯巴达克军。斯巴达克集中兵力先打击堵截的罗马军团，后又乘胜回头对追兵发起了猛攻，罗马军团再次惨败。

取得这场胜利后，斯巴达克不再向北转移，而是挥师南下，向西西里岛进军。罗马当局惊慌失措，派克拉苏统帅6个军团约9万人镇压起义军。这时斯巴达克大军已挺进到意大利半岛的南部，准备从这里渡海去西西里岛。但是被西西里收买而毁约的海盗没能给他们提供船只。斯巴达克只好组织起义军编制木筏，但海上的风暴使他放弃了计划。这时罗马大军赶到，起义军被围。斯巴达克打算趁夜率军冲破罗马防线渡海去希腊，但未能实现。

公元前71年，斯巴达克命精锐骑兵攻击敌人较弱的地方，自己率军集中攻击中路。斯巴达克被敌人重重包围，中枪10余处，壮烈牺牲，6万多士兵战死。斯巴达克的余部继续战斗达10年之久。

斯巴达克起义使奴隶主阶级的统治秩序遭到沉重打击，城邦制的危机也进一步加深了。统治阶级进一步意识到必须寻找一种新的统治方式，以加强对奴隶等被压迫阶级的统治。斯巴达克起

古罗马大竞技场

大竞技场作为罗马帝国繁荣时期的建筑物，除了是戏剧演出的圣地，它还经常作为角斗表演的场所。1818 年曾有人对它做出这样评价："只要古罗马竞技场还矗立着，罗马就岿然不动。一旦竞技场倒塌，罗马也就倒下；一旦罗马倒塌，世界也就完了。"

义也深刻影响了罗马奴隶制经济，此后，授产奴隶制剥削方式逐渐被奴隶主所接受，隶农制也开始出现。

斯巴达克起义后，罗马社会各种矛盾更加白热化，统治阶级内部争权夺利的斗争愈演愈烈，进一步加快了罗马由城邦共和制向帝制转变的步伐。

公元前 60 年，罗马 3 位具有相当实力的政治巨头克拉苏、庞培和恺撒为了共同的利益结成秘密的政治同盟，史称"前三头同盟"。3 人瓜分了罗马国家的权力，其同盟的实质是三人的独裁统治。

亚历山大帝国的衰亡

一个政权无论曾经多么强大，都有它走向衰老、死亡的那一天，庞大的亚历山大帝国同样也不能例外。

亚历山大的东侵，给东方人民带来了极为深重的灾难，使他们饱受战乱之苦。但是在客观上，亚历山大的东侵又使得希腊文明与埃及、巴比伦和印度的文明得以接触、交流、融汇，增加了各民族间互相整合的机会，加快了人类历史由分散走向整体的进程。

公元前333年亚历山大的远征军在叙利亚的伊苏斯战役中打败了大流士三世率领的波斯军。这次战役使古希腊和古代东方的关系告一段落。

为了让帝国这台庞大的机器更为有效地运转，亚历山大采取

亚历山大征服巴比伦
高加米拉大捷后，曾盛极一时的波斯帝国土崩瓦解，亚历山大大帝乘着战车，抬着从波斯缴获的战利品，回到了巴比伦城。

了一系列措施：定都巴比伦城，把统治中心放在东方，保留波斯帝国的行政制度，实行分省统治；鼓励东西方种族间的通婚，借此缓和民族矛盾；以马其顿和希腊人充当骨干力量，借此保证征服者的统治地位；袭用东方专制政体，并利用宗教进行统治，鼓吹君权神授，从而使帝国的统治呈现出东方、马其顿、希腊城邦 3 种体制的混合的特色。

亚历山大虽然以武力建立了庞大的军事帝国，但这个帝国既没有统一的经济基础，也没有共同的语言，所以其解体几乎是不可避免的。

公元前 323 年 6 月，亚历山大病逝。他的部将为争夺对帝国的控制权而长期彼此征战，帝国迅速瓦解。到公元前 3 世纪初，庞大的帝国一分为三，形成 3 个较大的王国：一个是马其顿王国，它恢复原状，成为一个疆域不大的民族王国，虽然未能直接统治其南面的希腊诸城邦，但基本上控制了这些地区；另一个是托勒密王朝统治下的埃及王国，埃及王国的特点是自然资源丰富，又有大海和沙漠做坚固的屏障，因此后来也成为 3 个王国中维持最久的一个；最后一个塞琉古王国，它由帝国的亚洲诸行省组成，是 3 个王国中疆域最为辽阔的一个。三足鼎立格局的形成，似乎预示着一个新的历史时期的来临，但这些国家奴隶制度的本质并没有发生根本性的改变，只是城邦政治普遍为中央集权制所代替。希腊文化与东方文化之间的相互融合，展现出进一步发展的趋势。这些王国存在的时间长短不一，到公元前 30 年，便先后被罗马所灭亡。这标志着亚历山大帝国的神话至此已完全终结，同时也预示着一个新的时代的来临。

罗马共和国的灭亡

苏拉出身于没落的贵族世家，他为人刚愎自用，机敏狡猾，而且野心勃勃。公元前 88 年，苏拉当选为执政官后，通过联姻与贵族结盟，成为贵族派的领袖。

随后，苏拉因争夺米特拉达梯战争的指挥权和以马略为代表的民主派展开了激烈的斗争。

公元前 83 年，苏拉在结束了第一次米特拉达梯战争后返回意大利，不久即战胜了以马略为代表的民主派，并于次年冬以胜利者的姿态进入罗马，重掌政权，发布《公敌宣告》。

随后，他血腥屠杀马略的追随者，建立起罗马历史上第一个独裁统治。

苏拉被元老院宣布为终身独裁官。为加强和巩固其独裁统治，苏拉恢复并加强了对元老院的严密控制，取消部落表决制，恢复百人队表决制，剥夺了保民官的权力，并将其同党充实到元老院。但是，苏拉的独裁并不巩固。公元前 78 年，苏拉一死，他的各项政策便逐渐被废除。苏拉独裁开创了毁灭共和制的先例，使罗马政权为之转变。

公元前 70 年，克拉苏和庞培一起当选为执政官。克拉苏（约公元前 115 ～前 53 年），就是那个镇压斯巴达克起义的刽子手，早年曾追随苏拉，聚敛了大量财富。

罗马人认为农业是最高贵的职业，但当自给自足无法实现时，人们发现奴隶和佃农耕种了大部分土地，城市地主在榨取他们的劳动成果。

出于政治野心，他广疏钱财，以收买人心，扩大个人影响。据说，在向神献祭的某节日，他一次就从自己的私产中拨出1/10款项用来举办盛大宴会。宴请之余，还向全体罗马公民发放了3个月谷物津贴。

庞培（公元前106～前48年）生性刚毅勇猛，长于谋略，曾因作战勇敢而被苏拉授予“伟大的庞培”称号。他在清剿海盗等内外战争中屡建军功，后来居上，成为罗马最有权势的人物。庞培曾是苏拉的部将，还做了苏拉的女婿，后来却见风使舵，倒向民主派。他的一句名言是：崇拜朝阳的人自然多于崇拜落日的人。

恺撒（公元前 100 ~ 前 44 年）全名为盖约·儒略·恺撒。盖约是本人名，儒略（一译朱里亚）是氏族名，恺撒是家系名。他少怀大志，勤奋好学，具有渊博的学识和出色的演说及写作才能，还在很年轻的时候就积极参加了反对苏拉派的活动，揭露过前马其顿行省总督贪污案。虽然论权势他不如庞培，论资财不及克拉苏，但却在平民中具有较高的声望。

公元前 45 年，恺撒在击败了庞培之后，成为罗马唯一的最高统治者。其后，他通过各种途径先后拥有了执政官、终身保民官、大元帅、大祭司长等各种头衔。恺撒当政后，并没有对其政敌进行迫害和屠杀，而是采取温厚宽容的政策，赦免了很多上层人物。同时实行一系列改革，如扩大公民权授予范围；给受迫害的犹太教徒以宗教信仰自由；在各行省划出份地安置了约 10 万名老兵和贫民；减轻负债者的债务；向 3.2 万公民无偿分发粮食；严惩贪污勒索的总督等。他颁行了新历法，定 1 年为 365 日，4 年一闰。这项名为“儒略历”（朱里亚历）的罗马太阳历，自公元前 45 年元旦起实行，一直被西方世界沿用到 1582 年。此外，他还关心并下令建筑广场、剧院和庙宇，使罗马城市更加美轮美奂，雄伟壮观。

这时，却有有关恺撒要登位称帝的传言在罗马四处传播开来。据说，他使用了象征王权的象牙王笏和黄金宝座，并将自己的画像同古罗马君王像悬挂在一起，还在罗马的庙宇中塑造自己的雕像。因恺撒把埃及女王克里奥帕特拉接到罗马，于是又有流言说，恺撒称帝后将册封克里奥帕特拉为罗马皇后，立其子恺撒瑞恩为皇位继承人云云。

实际上，城邦共和政制已不再适应当时庞大罗马国家发展的需要，走向帝制乃大势所趋。恺撒曾公然宣称："共和国——这是空洞的话，没有意义，没有内容。"然而，罗马近500年的共和传统早已深入人心，自高傲者塔克文被逐以后，罗马就没再出现过帝王，因而从苏拉到恺撒，尽管都建立了独裁统治，却谁也不敢贸然称孤道寡。恺撒改组元老院，热衷于共和制的演说家西塞罗（公元前106～前43年）就哀叹元老们都成了"恺撒的奴隶"。相传，在一个公共场合，执政官安东尼突然走到恺撒身旁，

在这块罗马浮雕上，一个不戴帽子的凯尔特人正在抵抗罗马士兵，保卫家园。对此，恺撒做出了野蛮的反应，在他占领了凯尔特的关隘之后，砍掉了所有拿武器的人的双手。

把一顶王冠戴到他头上。可是，只响起稀稀拉拉的掌声，多数人显出了惊愕的表情。恺撒愣怔片刻，讪笑着将王冠取下，扔落地上。安东尼赶忙拾起来，又一次给他戴上，这次被他迅速摘下扔掉了。顿时，人群中爆发出热烈的欢呼声，人们纷纷起立向他致敬。

与此同时，一场反对恺撒的阴谋也在暗中酝酿。阴谋的首要策划者为布鲁图和喀西约。布鲁图（约公元前85 ~前42年）是深受恺撒信任和器重的人物，相传系恺撒与其情人塞尔维利娅的私生子。

他在内战期间追随庞培，据说恺撒曾晓谕其下属不要伤害他：如果他投降，就俘虏他；如果他拒不投降，则随其自便。

战后，布鲁图不仅没受到追究，还被任命为山南高卢总督和

这是一幅表现恺撒被刺死的绘画。尽管事先受到警告，恺撒还是没带武器便来到元老院，在凶手中，他认出布鲁图——他之前非常信任的人，死前他说道："你也这样，我的儿子！"

城市法官，甚至被写进恺撒的遗嘱，确定其为第二继承人（第一继承人是屋大维）。意大利思想家马基雅维利说过这样的话："如果布鲁图装成一个傻瓜，他就会成为恺撒（意为皇帝）。"喀西约也是内战结束后获得赦免的贵族共和派人物。史载，共有60名元老贵族参与了阴谋。

不过，他们的保密工作却没有做好，关于有人要暗杀恺撒的流言，很快便在罗马的街头巷尾传播开来。

有位巫师为恺撒卜卦时，警告他3月15日那天不要出门，但他不以为意。阴谋者恰好将谋杀日期定在公元前44年的3月15日，并由布鲁图出面，邀请恺撒届时到元老院参加一次临时会议。

恺撒不顾种种凶险迹象，如期前往，他甚至拒绝卫队的护送。走在路上时，又有人向他手中塞了一张字条，上面写着："小心反叛行为！"然而，这些努力都未能阻止他迈向死亡的脚步。

恺撒刚进入元老院议事厅，便被几十名一拥而上的凶手围住，每个人都向他刺了一刀。他突然在行刺者中看到了布鲁图，惊诧地说了句："你也这样，我的儿子！"当即放弃抵抗，颓然倒地，伏卧在其旧日政敌庞培雕像底座旁的血泊中。

恺撒去世后不久，执政官安东尼、骑兵长官雷必达和恺撒的养子屋大维，密谋磋商，公开结成政治同盟，即"后三头同盟"。三头共同执掌罗马政权，并三分行省。三人的地位和权力还获得了公民大会的承认，披上了合法的外衣，成为名副其实的三人独裁统治。

然而，盟约并未永久阻止内部争夺。屋大维首先于公元前40

年剥夺了雷必达的军权，又于公元前 31 年 6 月在阿克兴海角一战中战胜安东尼。安东尼在亚历山大城陷落时自杀。次年，屋大维返回罗马，建立并巩固了个人独裁统治，罗马帝制最终取代了共和制度。

罗马共和国的灭亡是罗马经济、政治发展的必然结果。一方面，罗马共和国中期以后，奴隶制经济发展迅速，土地兼并日益严重，大地主的形成和小农的破产瓦解了小农经济，城邦赖以存在的经济基础逐渐崩溃，这就使得城邦灭亡成了历史的必然。另一方面，罗马征服了地中海世界后，事实上已经成了一个地域辽阔的帝国，阶级关系和社会矛盾都发生了深刻的变化，原来建立在城邦基础之上的共和政体已不能与这一变化相适应，只有代表更广泛利益的奴隶主阶级专制政权，才能够胜任对广大奴隶等被统治阶级的专政。

·古罗马建筑·

主要建筑材料：凝灰岩用作碎石建筑核心外层、基台的贴面、列柱的基座和柱头；石灰岩用于建筑的装饰贴画和地板上；大理石板用作豪华的地板和内墙表面装修或切割成各种图形；马赛克（镶嵌砖）用作地板材料或皇宫建筑的墙面和圆顶天花板；赤陶用作屋瓦和建筑上的雕塑装饰；罗马砖用作铺面材料（大型混凝土建筑）。

建筑风格：拱形结构及半圆形结构，圆柱屏风，最著名的有凯旋门。

建筑类型：住宅建筑，最著名的是哈德良别墅；公共建筑，最著名的是哈德良的万神殿、大竞技场、罗马广场和圆形剧场。

希腊化时代

从公元前334年亚历山大东侵开始，到公元前30年亚历山大帝国被罗马所吞并，这300多年间地中海东部地区的历史，被后世史学家称之为希腊化时代。

希腊化时代的文化，是希腊文化与东方文化相互交流融会的结晶。虽然它仍属希腊文化的范畴，即使用希腊语言、承袭希腊的传统，但与古典时期的希腊文化有明显的不同。这不仅在于它包含了一定的东方文化的因素，而且还在于它是对那个扩大了的、变化了的世界的最直接的反映。

如果说希腊古典文化是一种城邦文化，那么希腊化时代的文化就是一种走向帝国的、多民族的文化。其基本的特征是：希腊一体化和地方多元性相结合，消极没落的个人主义和眼界开阔的世界主义相并存。与此同时，它的文化中心也从雅典移到了埃及的亚历山大里亚。希腊化时代的文化，其成就主要包括如下几个方面：

一是哲学方面，由于城邦理想的破灭和现实世界的扩大，人们的思想走上了两个极端：一方面，人们满怀热情地去拥抱广阔的世界；另一方面，却对这个世界充满了失望，退而只顾个人。当时流行一时的斯多噶派、伊壁鸠鲁派、犬儒学派和怀疑主义，就是这两种思潮的反映。二是文学方面，在形式上和内容上都有不同程度的创新，各种诗体有了明确的形式和内容，甚至还出现了一种科普诗，即用诗的语言来介绍科学研究的成果。三是艺术方面，个人肖像数量大增，群体雕塑、风俗雕塑和纪念性雕塑出现，城市建筑有了总体规划，东方的建筑艺术得到了充分应用。四是史学方面，历史著作的体例增多，出现了年代记、回忆录、人物传记、国别史、世界性通史、断代史以及有别于政治史的文明史。五是宗教方面，出现了各种宗教相混合和向一神教发展的趋向。另外，科学方面取得的进步也超过了 17 世纪以前的任何时期。数学家欧几里得的著作《几何原本》，是世界上最早的公理化的数学作品，它的内容至今仍在学校里被教师讲授。阿基米德发现了杠杆定律和浮力的大小等于物体排开的液体重量的定律，提出了物体表面积和体积的计算方法。医生们首次了解了心脏在血液循环中的作用、脉搏的重要性、感觉神经和运动神经的功能以及大脑的脑回。

希腊化时代的文化继承和发展了希腊古典文化，吸收和利用了东方文化，成为从希腊文化到罗马文化，进而到西方文化的桥梁。它打破了历史上形成的东、西方世界各自独立的格局，使它们合而为一，使人们首次想到把整个文明世界当作一个整体。

·欧几里得·

欧几里得是马其顿时期杰出的数学家，是亚历山大里亚数学学派的奠基人。其著作《几何原本》共 13 卷。他广纳前人成果，集当时几何学之大成，把各种定理、命题和论证按逻辑关系加以排列，构成一个严整的体系，而且以简练清晰的说理方式表述出来。他的研究成果至今仍被科学界所肯定。

罗马帝国的崛起

在城邦制基础上建立起来的罗马共和政体从地处意大利一隅的蕞尔小邦跃居为囊括地中海区域的奴隶制大帝国后，在阶级关系发生变化和阶级斗争日益加剧的形势下，其共和政体已不能适应当时罗马社会的发展，因而势必要建立军事独裁以加强和巩固整个帝国范围内的奴隶主阶级的统治。屋大维（公元前 63 ~公元 14 年）出身于骑士家庭，但还在他 4 岁时父亲就去世了。他的外祖母是恺撒的姐姐。公元前 48 年，屋大维进入祭司学校学习。两年后，跟随恺撒前往西班牙，参加对庞培支持者作战。恺撒没有儿子，他十分喜爱这个年轻人，便把他收为养子，

屋大维像

这个踌躇满志的青年，19 岁时继承恺撒的伟业，31 岁时统治罗马世界，治理帝国达半个世纪之久。这尊大理石雕像雕刻的屋大维显得平静而庄严，做凯旋的胜利姿势，其脚边的丘比特象征着他的伟大诞生。

让其继承自己的大部分遗产。

当恺撒被暗杀的消息传出时，年仅19岁的屋大维正在希腊，他立即渡海回到意大利，并将自己的名字改作盖约·儒略·恺撒·屋大维安努斯。恺撒生前心腹大将安东尼时任罗马执政官，他以傲慢的口吻对屋大维说："青年人，除了恺撒的名字以外，你还想要得到什么呢？钱，我已经没有多少了。难道你还要恺撒的政权吗？"这预示着一场夺权的斗争已势不可免。

在后来的斗争中，元老院曾想利用屋大维来对抗安东尼和雷必达。不过，屋大维并非那样易于摆布，他有自己的主意。他在罗马广场拍卖了自己的财产，将拍卖所得全部用来招募原来恺撒的部

·亚克兴海战·

亚克兴海战是罗马内战中，屋大维战胜安东尼的决定性海战。

公元前31年，屋大维率军8万、战船400艘渡海东征，安东尼和埃及女王率军10万人、战船500艘来到希腊西海岸迎战。安东尼将舰队分为左、中、右3个编队成一线展开，并准备亲自率领右翼迂回攻击屋大维，女王率预备队尾随。屋大维也将舰队分成左、中、右3个编队，也成一线展开，迎战安东尼。

9月2日，战斗打响。屋大维充分发挥自己舰队船体轻、航速快、机动灵活的优势，避开安东尼战舰远程矢炮的轰击，运用撞击、火攻、接舷等战术进行攻击。安东尼船体庞大，机动性差，顿时陷入了被动挨打的境地。埃及女王见势不妙，率领预备队逃走。安东尼见大势已去，无心再战，下令撤退。不久屋大维攻入埃及，安东尼和埃及女王相继自杀。罗马内战结束。

下，很快组建起一支装备精良的军队。就是以此为起点，并以“恺撒”的名字相号召，屋大维迅速崛起，最终结束了罗马的长期内战，也结束了罗马共和国的历史，而成为罗马的唯一主宰。但他并未直接称帝，而称“普林斯”（意为第一公民），即“元首”。这种统治形式称作“元首制”。

公元前27年1月13日那天，一个戏剧性场面出现了。屋大维来到改组后的元老院，发表演说。他表示要把一切权力交还元老院，恢复共和制，同时宣布自己退休。这着实令那些元老们感到意外，震惊之余，一些人开始“抗议”元首这种不顾国家需要，只图个人轻闲的想法，随后便纷纷请求其留任国家元首之位。结果，经过一番装模作样地推让和再三挽留之后，又重新做过一整套安排：屋大维把手中一切大权交还元老院和人民，元老院则通过一系列法令委任他各种重任，手续完全符合共和制原则。屋大维非但没有隐退，反而合法地取得了帝国的军政大权。

16日，元老院又正式授予其“奥古斯都”（意为神圣、伟大）的尊号，要求全国像敬神一样敬奉他。同时，在元老院议事厅设置了一面金盾，上面镌刻着对他的赞美词。后来，他的黄金雕像也在罗马广场上竖立起来，上面的铭文是：“他恢复了陆地上和海上长期以来被破坏了的和平。”他甚至被许多城市奉为保护神，在各地建有供奉他的祭坛和神庙。公元前2年，元老院又授予他“祖国之父”的名誉。

在元首制下，屋大维一身兼任元首、执政官、保民官、首席元老、最高统帅、大祭司长等职，独揽行政、军事、司法、宗教大权。元老院和公民大会都成了他手中的工具。有人在街上呼喊他“恺撒”，他也不加制止。这时的罗马共和国实际上已经成为一个帝国，屋大维也成了这个帝国的第一个皇帝。

屋大维将原来70个左右的军团缩编为28个精锐军团。他继续推行扩张政策，发动了多次侵略战争。史载，公元9年，日耳曼人掀起大规模反抗起义，瓦鲁斯率领的3个罗马军团被日耳曼部落首领阿尔米尼乌斯诱入莱茵河东的条陀堡密林，遭到围击致全军覆没，瓦鲁斯自杀。消息传来，据说屋大维痛心疾首，竟至以头撞门，大声呼叫：“瓦鲁斯，还我军团！”

在屋大维时代，罗马帝国的疆域进一步扩大，其北界推到莱茵河、多瑙河一线。到图拉真（公元53 ~ 117年）做皇帝时，罗马帝国版图扩展到最大规模：它在亚洲包括小亚细亚半岛、美索不达米亚北部，直到西奈半岛一带；在非洲直抵北非西部；在欧洲伸入不列颠和多瑙河以北的达西亚等地。地中海变成了它的“内湖”。连当年的亚历山大帝国也只是它的几个行省。罗马帝国成为名副其实的空前大帝国。

屋大维在位期间，将罗马城修建得焕然一新。规模宏伟的万神殿就是那时开始兴建的，前后用了150余年方才建成。他不无自豪地说：“我接受的是一座砖造的罗马城，却留下了一座大理石的城市。”继其之后，历代罗马皇帝都不断以新的建筑来装饰首都，最著名的有被称为罗马城永恒标志的大竞技场（弗拉维圆形剧场）、图拉真公共浴场和哈德良为纪念图拉真而建立的庙宇等。

屋大维卒于公元14年8月18日。罗马元老院为他举行了盛大的葬礼，并决定将其列入“神”的行列，称其为“奥古斯都”（意为神圣者）。屋大维开创了古罗马历史上的稳定发展时期，出现了经济、文化欣欣向荣的繁荣局面，这种局面在罗马帝国广大的疆域内延续近200年，史称“罗马和平”时期。

为了维护自己的独裁统治，屋大维特别注意提高奴隶主阶级的地位，扩大他们的特权。他明确规定，元老必须出身贵族，服满规定年限的军役，拥有100万塞斯退斯的地产。元老可以担任军事长官、行省总督以及执政官之类的高级职位。仅次于元老地位的是骑士，其财产应为40万塞斯退斯。骑士有资格担任督察使等财务官员，还可以担任重要的军政职务，诸如舰队

失去了装饰性的库里亚（右前建筑）以及国家档案馆（正面带拱门建筑）

库里亚大会是古罗马时期解决公社生活中那些最重要的问题的会议，如选举高级公职人员、宣布战争、通过或否决新法案、对判处死刑的案件做出最后定夺等，后来成为罗马城行政区划名称。库里亚是罗马共和国乃至帝制时期元老院的会场；国家档案馆存放着当时罗马所有的官方文件和一部分财富。

司令、供粮总监、埃及太守和近卫军长官等。骑士可以作为元老候选人，元老之子在进入元老院之前必须先做骑士。这样一来，共和制后期彼此争斗的这两个等级，都在帝国社会中享受着元首政治的恩宠，因而也都大力支持元首政治，成为元首政治的中坚力量。

无产平民由于具有自由公民身份，而且是雇佣兵的来源之一，所以屋大维对他们实行既镇压又笼络的两手政策：一方面，严格限制平民的政治活动，以避免暴动的发生；另一方面，又以所谓的“面包和竞技场”策略，即发放救济粮、举办娱乐活动和给予各种施舍等措施来收买他们。屋大维的这些手段的成功运用，使罗马城市的无产平民或耽于娱乐，或充当政客权贵的门客党羽，或充当雇佣兵，渐渐失去了早先的政治作用。对奴隶阶层，屋大维则实行严厉的统治和残酷镇压的政策。

屋大维在对外政策上采取了灵活多变的政策。在东方，他采取了较为缓和的手段来处理罗马和安息之间的紧张关系；在西方，则继续推行侵略扩张政策。经过数年的侵略战争，罗马疆域扩张到东起幼发拉底河，西至大西洋，南到撒哈拉沙漠，北至多瑙河与莱茵河。

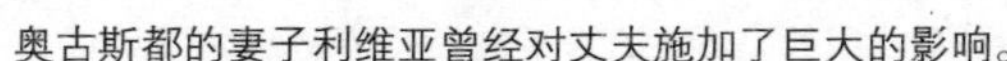
奥古斯都的妻子利维亚曾经对丈夫施加了巨大的影响。

帝位继承制

公元14年屋大维去世后，屋大维的养子提比略（公元14～37年在位）继位，从此罗马帝国开始了帝位继承制。在公元1～2世纪，罗马帝国共经历了3个王朝：朱里亚·克劳狄王朝（公元14～68年）、弗拉维王朝（公元69～96年）、安东尼王朝（公元96～192年）。在这3个王朝统治的近200年间，帝国达到鼎盛，并号称实现了一代"罗马的和平"。其实，此时的罗马帝国仍然充满了统治阶级的内部纷争、奴隶起义和被压迫民族的解放斗争，所谓的"罗马的和平"，只不过是统治阶级的自我标榜而已。

·隶农制的盛行·

共和末期，奴隶主为了缓和与奴隶之间的矛盾，提高经济收益，开始实行隶农制。到帝国黄金时代，隶农制开始流行。隶农最初是指自耕农，即以自力耕种自己土地的农民或殖民地的移民者。当时的大土地所有者把土地分成小块，分租给佃耕者，佃耕者中有契约租户和世袭佃户，其中也有奴隶。这些佃农，以及以交付定量收获物为条件从主人手中获得小块份地的奴隶，都属于隶农，这种生产关系称为隶农制。隶农最初向地主交纳货币租，后又交纳占收成1/3左右的实物租。隶农制的盛行反映了罗马的奴隶制经济已有衰落的趋势。

朱里亚·克劳狄王朝统治时期，皇权进一步加强，官僚体系逐步建立。提比略的统治基本上延续了屋大维的统治政策，他取消了公民大会的选举权和立法权，将权力移交给了元老院，以此缓解与元老院之间的矛盾。同时，他又以暴力手段血腥镇压反对派，大肆迫害那些被认为有反叛行为的人。在他统治期间，元首顾问会已成为较固定的机构，经常处理重要事件。提比略死后，其子卡里古拉继位。卡里古拉的残暴和奢靡引发了宫廷政变，被近卫军刺死于宫中，而克劳狄则在近卫军的拥戴下登上了皇帝的宝座。在克劳狄统治时期（公元41～54年），初步建立起了一整套官僚机构：秘书处掌管内政、外交和军政，财务处经管财政，司法处处理法律事务。他将罗马公民权授予行省居民，允许行省贵族进入元老院并委以高官。他还扩建了意大利的港口、道路，并新建了毛里塔尼亚行省。克劳狄死后，尼禄继位。尼禄是历史上著名的暴君，他凶狠残暴，竟不惜担当弑母的恶名，在继位5年后派人杀掉了干政弄权的母后阿格里庇娜。他荒淫无度，终日沉溺于声色犬马、宴庆游赏之中，还常以“伟大的艺人”自命，登台歌唱演奏，参加角斗竞技。公元64年夏，罗马发生大火，延烧6日，全城14区中的10个区被焚毁。相传此时尼禄却登楼观火，面对火光冲天的罗马城，吟诵《荷马史诗》中描写

尼禄（公元54～68年在位）头像
相传尼禄幼年丧父，由其母抚养成人。在其当政之初因母后对其管教严厉，引起尼禄怨恨，于公元59年，他策划了一起杀母事件。之后又亲小人，远贤臣，火烧罗马城，其残暴令人发指。

克劳狄（公元41～54年在位）头像
据说克劳狄是被其续娶的妻子阿格里庇娜毒死的，为的是让她与前夫的儿子尼禄继位。

韦伯芗（公元69～79年在位）头像
韦伯芗在尼禄死后的混乱中当上罗马皇帝，他在儿子台塔斯的协助下镇压了犹太人的起义。

特洛伊城陷落燃烧的诗篇。大火过后，他不去解救无家可归的灾民，却忙着修建被称作“金屋”的王宫。这座王宫极尽奢华，内部遍饰黄金和珠宝；餐厅的天花板用象牙镶边，而且是可以转动的，转动时不时有花瓣飘落或香水洒下；连宫中的侍女都以贵重金饰作装扮。因而，当时便有流言说他是为了建造新宫而故意纵火烧毁民房的。尼禄为制止流言，诬指基督教徒纵火，对基督徒进行了惨无人道的大规模迫害。公元66年，巴勒斯坦爆发了大规模犹太人武装起义，全歼罗马驻军。公元68年，高卢也爆发了讨伐尼禄的起义，近卫军也乘机兵变，元老院宣布其为“祖国之敌”。尼禄众叛亲离，于深夜带了几名仆从仓皇出逃，藏匿到郊外皇庄一个家奴的地下室里。他决定自杀，但拿着匕首比画来比画去，却始终不敢下手。天快亮时，远处传来人喊马嘶声，他这才把匕首让一个仆人握住，他再把住仆人的手，颤抖着将匕首引向自己的喉咙，结果总算把自己杀死了。据说他临死前还不住地念叨着：“这个世界将失去一位多么出色的艺术家啊！”朱里亚·克

尼禄自杀

尼禄的残暴使他众叛亲离，在“祖国之敌”的声讨中，这位帝国末代皇帝无奈地选择了自杀。绘画表现了尼禄临死前近臣惊乱的情景。

劳狄王朝随着尼禄的死亡而宣告终结。

公元69年，即尼禄自杀后的第二年，东部行省和多瑙河军团拥立韦伯芗为皇帝，建立弗拉维王朝（公元69 ~ 96年）。韦伯芗即任后，虽然残酷地镇压了各地的起义，但他追随克劳狄的政策，继续向行省扩大公民权。为了挽救濒临崩溃的国家，他在政治、财政、军事等方面进行了不少改革，使帝国政权不仅获得罗马、意大利奴隶主的支持，而且也获得各省奴隶主的支持。公元79年，韦伯芗去世，其长子台塔斯继位。台塔斯执政后不久，即被图密善推翻。15年后，残暴的图密善政权也在一次政变中宣告消亡，弗拉维王朝也随之宣告结束。

罗马帝国的黄金时代

公元96年，由元老院推举，旧贵族元老出身的涅尔瓦当上了皇帝，开始了安东尼王朝的统治时期。安东尼王朝是帝国皇权最为稳固的时期，被称为罗马帝国的“黄金时代”。在涅尔瓦统治期间，元老院的地位又得到恢复，并且实施了一些缓和社会矛盾的措施，但涅尔瓦遭到了军界，特别是边疆的统帅们的反对。涅尔瓦在位两年后死去，战功卓著的日耳曼总督图拉真被推举为皇帝。图

罗马图拉真纪功柱

·维吉尔与《埃涅阿斯纪》·

古罗马杰出诗人。原名普布留斯·维吉留斯·马罗，生于高卢曼图亚附近的农村，家境比较富裕。他幼年在农村长大，熟悉农村和农业劳动，热爱大自然。后来去米兰、罗马等地接受了良好的教育。因体弱多病，从事律师失败后，回到农村家中，专心写诗。后加入了麦凯纳斯庇护下的文学集团，深受屋大维的尊敬。他的主要作品除代表作《埃涅阿斯纪》外，还有《牧歌》《农事诗》等。《牧歌》共有10首，是其成名作，通过一个牧人的独唱或一对牧羊男女的对唱，歌唱牧人的生活和爱情，还表达了对当时社会和政治的看法与感受。《农事诗》共4卷，描写罗马农民的工作与生活。这些作品将农业知识的介绍、农业政策的阐释和对自然景色、历史传说的描写结合起来，语言优美，生动有趣。维吉尔在中古时代一直享有特殊的声誉，但丁在《神曲》中就尊他为老师和带路人。史诗《埃涅阿斯纪》共12卷，叙述了罗马的建立和历史，歌颂了罗马祖先的丰功伟绩。根据当时罗马的神话传说，罗马最早的祖先是特洛伊的英雄埃涅阿斯，特洛伊被希腊联军攻陷后，他和父亲等人在天神护卫下逃了出来，辗转到了意大利，娶了当地的公主为妻，建立了王都。这成为史诗内容的主要依据。史诗以荷马史诗为范本，前半部分写埃涅阿斯的海上历险，主要写了他和女王狄多的爱情悲剧。后半部分写他依据神灵的指示到达意大利后，和当地拉丁部族的战斗。诗人通过主人公的经历歌颂了罗马的神圣传统和先王建国的艰辛，歌颂了恺撒和屋大维的功绩。

拉真即位后，实行较为温和的政策，改善与元老院的关系，关心人民的疾苦，把帝国的疆土扩展到空前绝后的程度。从共和国末年起，罗马城内聚集了大量无产的自由民，大约不下数十万之众。历代皇帝为了笼络这些人支持自己的政权，便利用发放救济粮和金钱补贴、举办娱乐活动和提供各种施舍的手段来收买他们。政府在节日里为市民举办各种娱乐表演，演出奴隶角斗、斗兽、戏剧、海战和骑战等。公元 106 年，图拉真为庆祝他对达西亚人的胜利，在大角斗场举办了持续 117 天的恐怖角斗表演，包括达西亚战俘在内的近万名角斗士，在观众的欢呼声中进行血腥的殊死搏杀。这种娱乐节日的天数是逐年增加的。据统计，公元 1 世纪时罗马全年的节日为 66 天，2 世纪时增加到 123 天，3 世纪时增至 175 天。

奴隶主们的生活穷奢极欲，越来越腐化。他们把体力劳动和文化教育工作都交给奴隶去做，自己尽情享乐，竞尚豪华。富裕的罗马男子下午常把时光消磨在公共浴场里。到浴场沐浴在当时

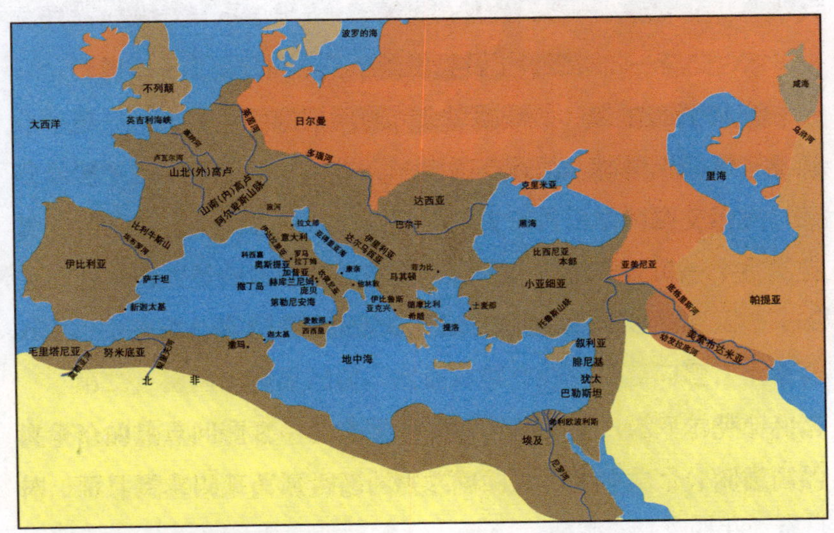

公元2世纪罗马帝国的版图示意图

哈德良时代重建的万神殿内景图

是一种时尚享受，自然也吸引着成千上万无所事事的游民。罗马的公共浴场有点像现代的大型俱乐部，内有体育厅、图书馆、休息室、花园等，不仅供人沐浴，享受舒适，还是市民社交活动的中心，朋友聚会的场所。里面常有乐队演奏乐曲，时或还有诗人、戏剧家朗诵作品，并有专职的管理人员和大批侍候人的奴隶。罗马人在建造浴场时是不惜工本的；每个浴室的大理石墙面上，都饰以精美的绘画和色彩斑斓的图案；穹形的玻璃屋顶；四面宽大明亮的窗子，在白天的任何时段阳光都能照射进去。沐浴方式也十分讲究：入浴前要先做健身运动，随后进入一个个相互连接、温度递次增高的暖气房。等汗出透了再用温水洗浴，最后用凉水冲净。为防受寒，浴毕还要涂上软膏香脂，然后躺在榻上闲谈消遣，直到晚餐时光方才回去。他们以美酒佳肴来显示阔绰，有时候甚至吃孔雀舌头。

奴隶主的宅院里，厅堂壁画，庭园池水，无不齐备。而在这些高楼大厦之间，却是大片的贫民区。那里的房子狭小、简陋，房内没有任何卫生设备，便壶都摆放到街面上。曲折狭窄的街巷，肮脏、嘈杂，终年不见阳光。图拉真的后继者哈德良，却独断专行，激起人民反抗。公元132年，犹太人终于掀起大规模起义，他们占领罗马殖民地，杀死殖民者，坚持斗争达3年之久，但终遭残酷镇压。继哈德良之后的安东尼·庇阿统治时期，被认为是罗马最为安定并且繁荣昌盛的时期。他对外采取防御政策，对内与元老院和睦相处。但好景不长，到马可·奥勒留统治时期，罗马的“黄金时代”就结束了。

公元1世纪至2世纪，大规模的战争已经停止，罗马境内的广大地区出现了长期的和平局面，为社会经济的发展提供了极为有利的环境。

当时，生产工具和生产技术都有了较为明显的进步。农业上出现了带轮犁、割谷器，工业上则开始使用水磨、滑车和排水器械等工具。手工业发展尤为显著，不仅门类增多，而且分工十分精细。传统的手工业，如阿列提乌姆的制陶业、阿普亚的青铜制造业、莫纳德的制灯业都兴盛一时，产品远销外地。商业贸易也十分活跃，水陆商道畅通无阻，来往商旅络绎不绝。对外贸易西达不列颠，东到印度、中国。这种规模广泛的海陆贸易，促进了罗马帝国各地城市的繁荣。这一时期，罗马兴起了一些著名的城市，如不列颠的伦丁尼姆（伦敦）、高卢的鲁格敦（里昂）等等。罗马城已经成为全国的中枢，阿普亚、那不勒斯等城市也都成为手工业和商业的中心。迦太基等曾被摧毁的城市也开始复苏，亚历山大里亚城成为商品集散地和内外贸易的枢纽。

公元 1 ~ 2 世纪，罗马帝国经济的繁荣和发展，是建立在落后的生产技术和残酷剥削奴隶的基础之上的，因此这种繁荣局面不可能持久。

到公元 2 世纪末，奴隶制帝国的危机已经开始明显暴露出来，罗马帝国的黄金时代至此已经走到了穷途末路。

作为罗马文化的一个重要组成部分，建筑艺术也是古罗马留给后世的一份宝贵遗产。罗马的建筑在共和国末期开始发展，到帝国时代达到空前规模。罗马最著名的建筑物，是屋大维时代修建、哈德良时代重建的万神殿，这座神庙是古代神庙建筑艺术的最高成就之一。公元 1 世纪晚期修建的哥罗赛姆大剧场，是罗马剧场建筑的典型，整个剧场可容纳观众 5 万人，其规模之宏大，让人惊叹。

罗马帝国的衰落

从公元2世纪末到3世纪末，罗马帝国爆发了全面的危机，史称“三世纪危机”。

100英尺（约30米）高的宏伟的尼克拉堡巍然耸立，成为帝国时期罗马国力强盛的有力证明，但它的建筑初衷——由于恐惧而大量修建城堡与城墙，却是罗马衰败的征兆。

“三世纪危机”的根本原因，在于奴隶制社会基本矛盾的激化。在罗马帝国前期，社会生产力得到进一步提高，劳动工具有了很大改进，这是罗马帝国前期的“黄金时代”形成的主要原因。但到了公元2世纪以后，由于罗马长期的奴隶制统治，人们开始鄙视劳动。伴随着贫富分化的加剧，罗马出现了流氓无产者人数急剧增加的现象。他们逃避劳动，完全靠社会养活，成为寄生在罗马社会肌体上的赘瘤。更为严重的是，罗马奴隶主阶级及其统治机构日益腐朽，规模日趋庞大，各种开支浩繁，娱乐奢侈之风日盛。这种现象的出现，造成了财源枯竭，财政日益紧张，从而导致捐税不断增加，货币的含金量锐减，再加上国内混战不已，社会动荡不安，罗马帝国陷入了全面危机之中。

“三世纪危机”在经济上首先表现为农业的衰落，农业的衰落又导致了手工业的衰落和商业及城市的萧条。手工业作坊是靠奴隶和隶农的劳动支撑的，由于奴隶劳动生产率的降低和行省手工业产品的竞争排挤，各城市在共和末期和帝国初期发展起来的手工业也逐渐衰落下来。农业的衰落减少了农产品对城市市场的供应，而社会动荡、蛮族入侵、海盗猖獗、商路阻塞以及政府强令城市征收捐税，再加上新发行的劣质货币不受欢迎，高成色的货币又被大量收藏，这一切都严重地影响了商业的发展，加剧了经济的萧条。

“三世纪危机”在政治上表现为统治集团内部纷争不断，混战不休。军人干预政治，尤其是近卫军直接控制皇帝废立的现象，使中央政权处于严重瘫痪状态。

公元192年，安东尼王朝的末帝康茂德被杀后，在短短6个月内近卫军就先后拥立了两个皇帝。行省驻军也浑水摸鱼，各自拥立自己的皇帝，罗马内部于是发生了一场四帝争夺王位的混战（公元193 ~ 197年）。

针对这种状况，在塞维鲁王朝（公元193 ~ 235年）的建立者塞维鲁统治时，采取了抑制元老院、优抚军队的政策，但却又引发了“士兵派”与“元老派”的斗争，军人的权力反而更加膨胀。

临死前，他一再叮嘱他的儿子们说：“要厚待士兵，让他们发财，其余的人可以不管。”然而具有讽刺意味的是，其后继者几乎皆为近卫军或哗变士兵所杀。骄纵的军队飞扬跋扈，如同匪徒，废立皇帝成了司空见惯的家常便饭。窃国者走马灯般轮番登台，他们以贿赂兵士谋杀皇帝为入宫手段，旋即又为后起者谋杀而被抬出皇宫。公元238年一年内，元老贵族推出4个皇帝，不久全被士兵所杀。此后15年间，罗马竟换了10个皇帝。其后还出现了一个军团和行省自行拥立皇帝的所谓“三十僭主”时期，政局一片混乱。

公元284年，在对波斯作战期间，罗马军中再次发生谋篡事件。近卫军长官阿培尔谋害了皇帝努米里安，不出一月又杀死了他刚继位的儿子。回师途中，至尼科美地方，同为近卫军长官的戴克里先在士兵集会上揭发了阿培尔的谋逆罪行，引起士兵公愤，纷纷要求让其偿命。恼羞成怒的阿培尔立时便与戴克里先厮杀起来，但见刀来剑往，寒光闪闪，两人腾跃扑击，招招凶狠。士兵们齐声呐喊，为戴克里先助威。失道寡助的阿培尔心慌意乱，稍一分神，顿成刀下之鬼。尔后，全军一致拥立戴克里先为罗马帝国新皇帝（公元284～305年）。

放纵的罗马皇帝　油画

成堆的玫瑰花瓣，掩盖着放纵的狂欢。罗马帝国的衰败，并非源于早期的穷兵黩武，而是根源于后来的繁荣稳定导致的罪恶丛生、道德沦丧。

戴克里先正式取消元首制，采用“多米那特制”（即“君主制”），完全抛弃了残存的共和外衣。他自称“多米那斯”（意为主人），身穿镶金的紫绸长袍，头戴缀

·拉丁语·

罗马人属于拉丁族，他们的文字称为拉丁文。随着罗马的扩张，拉丁文成为帝国的官方文字，拉丁语也传到各地。罗马帝国崩溃以后，拉丁语逐渐分化为意大利语、法语、西班牙语、葡萄牙语、罗马尼亚语。后来，拉丁文逐渐成为死文字，但它在基督教、法律和科学领域长期留下影响。今天，许多疾病的西文名称和西药的名称都来自拉丁文。拉丁字母简单易写，其他语种如英文、德文、北欧各国以及许多东欧国家的文字、越南拼音文字和中国的汉语拼音方案，都采用拉丁字母。

满珍珠宝石的冕旒，并实行东方专制君主的朝仪，臣民觐见时须行跪拜礼，奉之若神明。他实行四帝制，即由正副“奥古斯都”和正副“恺撒”对帝国分块治理。但分而不割，最高权力仍掌握在他一人手中。

残酷的剥削和奴役，使罗马境内的广大奴隶陷入了苦难的深渊，在忍无可忍中，他们终于揭竿而起。时断时续、大大小小的起义，沉重地打击了奴隶主的统治，让本已处在崩溃边缘的罗马帝国更加迅速地走向灭亡。

罗马内部的危机和动荡，给外族入侵提供了可乘之机。在东方，萨珊波斯攻占了罗马的幼发拉底河流域，并继续向西扩张，进攻叙利亚。在东北，多瑙河以北的哥特人南下掠取拜占庭，袭扰小亚细亚和爱琴海地区。在北方，日耳曼人越过罗马边境，进入高卢的中部和东部，并在西班牙的东北部站稳了脚跟。阿尔曼尼人则乘机南下深入意大利中部。随着日耳曼人大量涌入罗马，罗马帝国已处于四面楚歌的境地。

罗马帝国的分裂

公元395年，罗马帝国正式分裂为东、西两部分。分裂后的西罗马帝国，重演了“三世纪危机”时的悲剧。

“三世纪危机”时期，随着罗马帝国隶农制的进一步盛行，隶农逐渐成为罗马农业生产的主要劳动力，隶农的身份和地位也日益恶化。这个悲剧的结果是，奴隶逐渐被排斥出生产领域。罗马统治阶级为挽救摇摇欲坠的政权，只好千方百计地维护奴隶制生产关系，从而致使罗马社会的阶级矛盾和民族矛盾进一步激化，

在今天的英格兰与苏格兰分界处，哈德良长城从海岸延伸开来，壮观的景象使人回忆起当年强大的罗马曾占据不列颠，但到公元5世纪中期，罗马在这里的统治已危在旦夕。

广大奴隶、隶农和其他下层人民的反抗斗争此起彼伏。公元4世纪以后，罗马境内发生的人民起义，影响巨大的有3次：巴高达运动、阿哥尼斯特运动和西哥特起义。公元3世纪中期曾经爆发过的巴高达运动被镇压下去后，公元4世纪末期又重新发展起来，并由高卢蔓延到西班牙，到公元5世纪中期，声势浩大的农民战争，致使罗马在不列颠、高卢、西班牙的统治完全瓦解。阿哥尼斯特运动于公元4世纪30年代开始在北非爆发，很快达到高潮，其参加者主要是奴隶、隶农和农民。公元373年，其起义主力遭到残酷镇压后，余部仍坚持斗争，直到汪尔达王国的建立。这次运动极其沉重地打击了罗马在北非的统治。

罗马帝国内部的危机和人民起义给外族入侵提供了可乘之机，散布在帝国北境之外的半游牧民族日耳曼人开始不断地侵犯罗马边境。日耳曼人有很多分支，如法兰克人、哥特人、汪达尔人、勃艮第人、盎格鲁人等。在罗马人眼里，他们都是用牛油涂发，满身腥臭的“蛮族”。公元4世纪后半期，亚洲的匈奴人西进，居住在多瑙河下游的西哥特人受到挤压，经西罗马政府允许，于公元376年渡过多瑙河，徙居罗马境内。罗马人的意图是让他们以“同盟者”身份为帝国御边。但入境后，西哥特人并未得到罗马人曾经答应向其提供的粮食，迫于饥饿，他们只好出卖自己的子女。罗马军官用狗换取他们的孩子。公元378年，不堪忍受奴役的西哥特人举行起义，经阿德里安堡一战，罗马皇帝瓦伦斯率领的数万罗马军团全军覆没。瓦伦斯受伤后藏进一间茅屋，结果被烧死在里面。这之后直到公元5世纪，一支支日耳曼人如潮水般涌入西罗马。当地的奴隶、隶农和农民把他们当作“解放者”，同他们站在一起反对本国统治者。

公元 395 年，阿拉里克（约公元 370 ~ 410 年）被推举为西哥特人首领。从公元 401 年起，他两次三番侵扰意大利，皆为罗马统帅斯提利克所败。但斯提利克却无意将其彻底击垮，意欲利用他与东罗马帝国对抗。阿拉里克坚持要从西罗马的国库中支取 4000 镑黄金，激起罗马人民对斯提利克的不满。公元 408 年，西罗马皇帝霍诺里乌斯（公元 395 ~ 423 年在位）下令处死斯提利克，并拒绝阿拉里克的要求。阿拉里克遂率军来攻，这时罗马人已无大将可用，不得已遣使求和。到公元 4 世纪 70 年代，西罗马帝国的领土仅仅剩下受过多次攻击的意大利半岛没被占领。

公元 476 年 9 月，日耳曼人奥多雅克废黜最后一个罗马皇帝罗慕洛。至此，西罗马帝国在人民起义和外族入侵的浪潮中最终灭亡。

罗马的末日
绘画表现的是公元 410 年，西哥特人劫掠罗马城的惊恐场面。

·阿德里安堡之战·

公元 376 年，居住在多瑙河下游的西哥特人受到来自东方的匈奴人的冲击，请求到罗马帝国境内避难，获得许可。但罗马人肆意压榨和欺凌西哥特人，西哥特人愤而起义，占领阿德里安堡。公元 378 年，罗马皇帝瓦伦斯亲自率领 6 万大军前往阿德里安堡镇压。罗马军队按传统方阵展开，中央是步兵，两翼是骑兵，首先发起攻击。西哥特人在山坡上用四轮马车围成堡垒御敌。罗马军队因连日赶路极度疲惫，攻击未能奏效。西哥特人的骑兵趁机出动，攻击罗马军队右翼骑兵，将其击溃，随即向罗马中央步兵发起攻击。罗马人的方阵阵形大乱。西哥特步兵也趁机冲出堡垒，对罗马军队发起正面攻击。罗马人互相践踏，乱成一团，在西哥特人骑兵和步兵的夹击下惨败。此战，罗马人损失 4 万人，包括皇帝瓦伦斯在内的许多将领阵亡。罗马元气大伤。

西罗马帝国的灭亡是罗马奴隶制危机、封建制因素成长的必然结果。导致西罗马帝国灭亡的根本原因，就在于罗马社会的基本矛盾，即日益发展的社会生产力与奴隶制生产关系之间的矛盾。如果说奴隶、隶农和其他下层人民的反抗斗争从内部动摇着罗马奴隶主阶级统治的基础，那么统治阶级内部的腐败、混战则进一步加速了西罗马帝国的覆灭。另外，骑士阶层、流氓无产者和马略军事改革所带来的消极影响，东西罗马的分裂和自保，帝国军队以及帝国政权本身的蛮族化，以及西罗马帝国统治者对西哥特人的政策失误等等，也对罗马帝国的分裂和西罗马帝国的灭亡产生了不可忽视的影响。

安息帝国

在历史上，安息曾先后臣服于亚历山大帝国和塞琉古王国，直到公元前 247 年安息才宣告独立，建立了阿尔萨息王朝。安息立国之初，仍受到塞琉古王国的威胁，直到公元前 1 世纪中叶才随着国家的日趋强大而慢慢摆脱了塞琉古王国的束缚。国王密特里达特一世时期（公元前 170 ~ 前 138 年），安息帝国积极向外扩张，占领了伊朗高原西部、两河流域和中亚细亚南部，开始成为一个强大的帝国。

安息帝国在政治上实行君主制，王位由阿尔萨息家族世袭，但王权受贵族和僧侣议事会的限制。在奴隶主阶层中，有 7 个显贵氏族处于领导地位，操纵着国家的军事、政治和经济大权。国家军队以骑兵为主，分重装骑兵和轻装骑兵，贵族在军队中占有重要地位。安息境

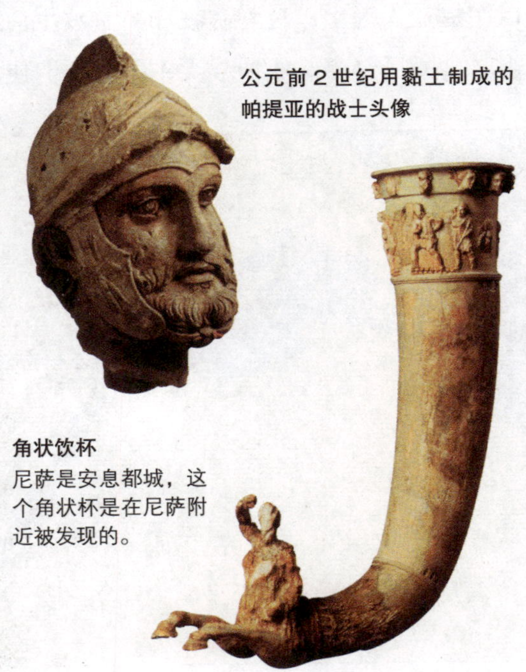

公元前 2 世纪用黏土制成的帕提亚的战士头像

角状饮杯

尼萨是安息都城，这个角状杯是在尼萨附近被发现的。

内的两河流域经济发达，是帝国的经济命脉，东部山地、沙漠以及边缘草原地带比较落后，居民仍属游牧部落。

从公元前 1 世纪中叶起，安息帝国与不断东侵的罗马帝国之间长期进行着战争。公元前 54 年，为增加自己的政治资本，克拉苏率领罗马军队包括 7 个重步兵军团、一个轻步兵军团和 4000 名骑兵共 4 万余人向东进发，开始入侵安息。当时，附属于安息王国的亚美尼亚国王阿尔塔瓦兹德早有脱离安息统治的想法。克拉苏便与他密谋，罗马军沿美索不达米亚沙漠推进，强渡幼发拉底河后向底格里斯河进攻，然后和阿尔塔瓦兹德的军队从两面对安息腹地实施钳形夹击，歼灭安息军队。

安息王国位于幼发拉底河以东，境内主要是沙漠。安息王国以帕提亚人为主，过着游牧和半游牧生活，但是却建有一支完全由骑马的弓弩手组成的强大军队。他们使用的弓与一般的弓有很

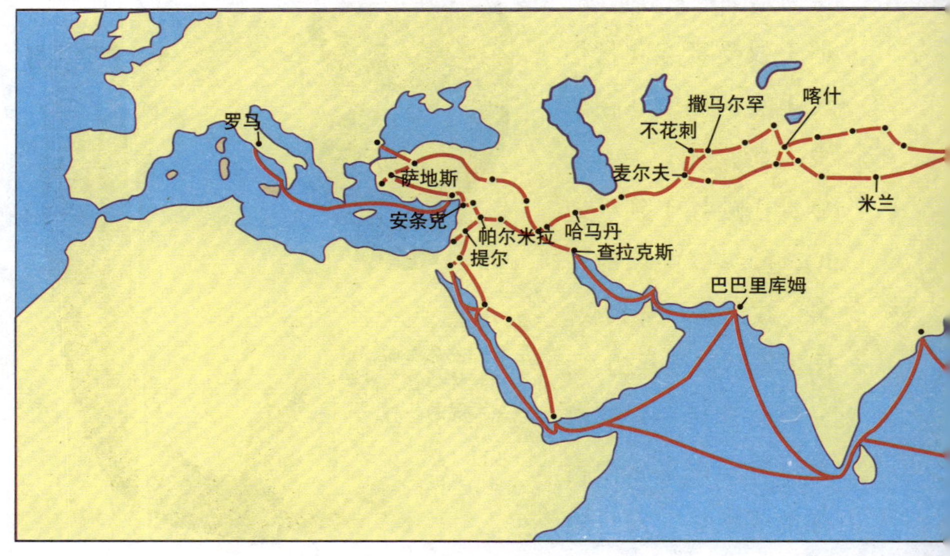

大差别，这种弓是由许多块兽角组成的，拉起来很费劲，发出的箭射程远。

克拉苏入侵的消息很快传到安息国王耳中，于是他命令青年将领苏里拉斯率领骑兵迎敌。苏里拉斯是一位无所畏惧且极富幻想力的人，他命一支人马突击亚美尼亚部队，迫使阿尔塔瓦兹德退出战争。自己率领1万名骑兵，向底格里斯河方向的沙漠腹地退却，打算诱使罗马军进入沙漠，一举歼灭。他还配备了1000匹骆驼载运大量的箭，保证武器补给。

公元前53年，克拉苏占领了当年亚历山大渡过底格里斯河的地点尼斯发流门后，获悉安息的骑兵正向底格里斯河方向退却，克拉苏命令部队向北进发，决定沿捷径，穿过沙漠袭击敌人。4月底，罗马军队在宙格马附近强渡幼发拉底河。安息军队在苏里拉斯的指挥下避免与其发生正面战斗，而是以袭击战的形式消耗阿军，并在不断的偷袭中将阿军慢慢引诱至无水的沙漠深处。善于远距离奔袭迂回的安息军队，使阿尔塔瓦兹德军受到惨重损失，被迫退出这场战争。

6月，罗马军队进至卡尔海地区。正值夏天的沙漠炎热异常，缺水成了罗马军的最大问题，罗马军干渴难耐。补给队伍时常被截，缺粮少水，罗马军疲惫不堪。

已消除后顾之忧的苏里拉斯见时机成熟，下令发

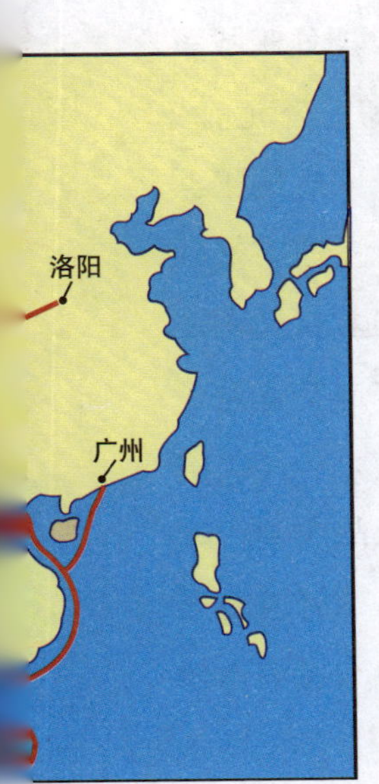

丝绸之路路线示意图

丝绸之路跨经数个亚洲国家，最大的威胁来自中亚地区占山为王的强盗，为保护驼队和线路的畅通，安息士兵常在本国道路上巡视。

·丝绸之路·

丝绸之路大致可分为两条。一条为陆上丝绸之路，形成于西汉时期，即自长安西行穿河西走廊，出玉门关、阳关，越葱岭，至西亚地区；另一条为海上丝绸之路，形成于宋代。时因陆上丝绸之路为西夏所断，宋朝只好从海上与西亚、阿拉伯地区，以及南亚、东薛等地区的诸国进行联系与交往，而形成了中外海上交通的“丝绸之路”。两条丝路在中国古代历史上发挥了极重要的作用。

起全面反攻。骁勇的安息骑兵从四面迂回包围罗马军。罗马军强打起精神，组织成密集的战斗队形，准备迎战。但安息人并不做正面交锋，而是在四周不停地运动，同时向罗马军万箭齐发。很快，罗马军队形大乱，丧失斗志的士兵在沙地上艰难地东奔西突。暴雨般的乱箭使罗马军全线崩溃，克拉苏在战斗中被杀死。罗马军几乎全军覆没。尽管安息帝国对西方的罗马帝国长期处于战争状态，但是对东方的中国却始终和睦相处，关系密切。公元前2世纪末，张骞出使西域时，曾派副使访问安息帝国，安息国王派大将率骑兵2万到边境迎接。从此，双方往来密切，东西方交通有了很大发展，“丝绸之路”成了当时重要的国际商道。“丝绸之路”的西段大部分在安息帝国境内，这不仅促进了中国与安息帝国之间商业的发展，而且也加强了东西方文化的交流。

安息帝国是一个松散的联合体，由于长期的对外战争和内部矛盾严重地削弱了中央政权的统治，国家逐渐丧失了抵御外来侵略的能力。公元227年，安息帝国在新兴的萨珊波斯的大举入侵下，军队节节败退，很快便被萨珊波斯吞并。

亚欧民族大迁徙

匈奴是中国漠北的一个游牧民族，兴起于公元前3世纪左右的战国时期，秦汉时强盛起来，人口约为200万。秦汉时期，匈奴多次入侵中国的河套、山西以及河北等地，对中国北部边疆构成了严重威胁。秦始皇曾派大将蒙恬北伐匈奴，并修筑了万里长城，以抵御匈奴骑兵。

西汉初年，匈奴又不断南下，骚扰汉王朝的北部边境。从汉高祖到汉武帝，多对匈奴采取和亲政策。汉武帝时，汉、匈之间的战争不断升级，结果匈奴大败，势力渐衰。公元前54年，匈奴分裂为南、北二部。南匈奴归附汉朝，北匈奴在汉朝军队的打击下瓦解。东汉初，匈奴再度分裂为南、北二部。南匈奴与汉朝友好，后逐渐与汉人融合；北匈奴对南匈奴和东汉政权则持敌视态度。公元91年，北匈奴在东汉和南匈奴的联合打击下败亡，北匈奴的一部分由单于率领离开漠北向西迁移。著名的匈奴西迁故事，就在这个时候开始了。

西迁的匈奴人大约有20余万，他们首先在大漠西北乌孙所辖的悦般地区停留下来。公元105 ~ 106年，北匈奴曾遣使来到汉朝，请求和亲，汉帝没有同意，从此北匈奴失去了与汉朝的联系。公元2世纪中叶，因不堪忍受鲜卑人的压迫，北匈奴离开居住了70余年的悦般而西迁康居。因前往康居的道路极为艰险，所以只能挑选勇敢善战者前往，剩下的老弱妇幼仍留在悦般。留下来的这些人后来逐渐与柔然（阿瓦尔人）部融合。

康居位于中亚锡尔河流域，与占据阿姆河流域的大夏（大月氏人）为邻，北匈奴在此停留了近百年。公元 3 世纪中叶，因受到贵霜帝国和康居的联合攻击，北匈奴再次被迫离开康居迁往粟特。公元 4 世纪中叶，北匈奴人又离开生活了一个世纪的粟特西迁至东欧顿河流域。进入欧洲的匈奴人，首先与阿兰人发生冲突。结果，阿兰人大败。不久，匈奴又乘胜进犯东哥特，这次进犯的结果是引发了日耳曼人的民族大迁徙。

法兰克人复原图

匈奴西迁历时 280 年，长途跋涉 6000 余千米，不仅跨越了整个中亚，而且深入欧洲腹地。在匈奴西迁的推动下，亚欧大陆众多游牧民族纷纷卷入民族大迁徙的浪潮中。

公元 5 ~ 6 世纪，斯拉夫人开始南迁，他们越过多瑙河，不断进攻罗马边境。公元 578 年，约 10 万斯拉夫人进占色雷斯、马其顿和帖撒利等地。到 7 世纪初，斯拉夫人已遍布巴尔干半岛北部各地，后来又经过几个世纪的大迁徙，斯拉夫人各地居民经过长期的融合，逐渐形成了今天东欧的各个民族国家。

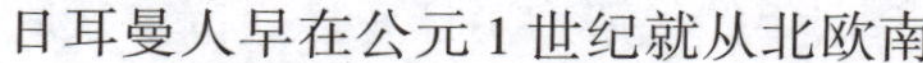

日耳曼人早在公元 1 世纪就从北欧南

下，成为罗马帝国北部的强邻。不过，当时罗马军团十分强大，稳守边境毫不费力。随着帝国的衰微，罗马对边境的控制也频频告急。公元 1 世纪，日耳曼人已经占据了东起维斯瓦河，西至莱茵河，南达多瑙河，北抵波罗的海的广大地区，罗马人把这片广袤的大地称为日耳曼尼亚。

匈奴人复原图

公元 4 世纪后期，由于受到来自匈奴的攻击，日耳曼人开始像潮水般涌入罗马帝国境内，由此形成了日耳曼部落大迁徙的浪潮。最先进入帝国的是西哥特人，但罗马政府对他们特别残暴，强迫他们种地、服兵役，甚至将他们卖为奴隶。西哥特人不甘屈辱，发动起义，罗马的奴隶、隶农、矿工也纷纷加入了起义队伍。公元 378 年，西哥特人同罗马帝国在阿德里亚堡决战，罗马被击败，皇帝瓦伦斯被打死。公元 5 世纪初，西哥特人再次对罗马发动进攻，汪达尔人也由北方入侵。公元 395 年，罗马帝国分裂为东西两部分。公元 410 年，罗马城被攻陷。西哥特人在洗劫罗马城和意大利半岛之后，又向西进军，最后定居在高卢南部和西班牙北部。公元 419 年，建立西哥特王国，这是罗马帝国版图内的第一个日耳曼人国家。汪达尔人则进入北非，建立了独立的汪达尔王国，结束了罗马帝国在北非的统治。伦巴第人则占领了北部意大利的波河平原，建立了伦巴第王国。其他日耳曼部落也纷纷冲进西罗马帝国。

·日耳曼人·

日耳曼部落很早就居住在莱茵河以东、多瑙河以北、维斯瓦河和北海之间的广大地区，包括法兰克人、哥特人、撒克逊人、汪达尔人和伦巴第人等。他们一般具有相同的宗教信仰和社会制度，使用相近的语言。日耳曼人中每位杰出的武士首领都有一支扈从队，他们战时守卫在首领身旁，效忠于他。首领则向他们提供给养、武器及战利品。这种制度有助于后来封建制的形成，因为封建制正是建立在骑士对封建领主忠诚的基础上的。日耳曼人的首领或国王主要是根据勇猛程度和出身选举产生。作战英勇、贵族出身的部落成员更有希望成为首领或国王。打仗时首领和国王身先士卒，奋勇冲杀，至于权力则较为有限，许多事务都由部落会议决定。

另外，日耳曼人中的盎格鲁人、撒克逊人、朱特人，则从原先居住的威悉河、易北河流域出发，登上不列颠岛，征服了原有居民凯尔特人，建立了自己的文明，盎格鲁－撒克逊人从此成为英格兰的主要民族。公元5世纪初，西罗马帝国的土地已大部丧失，帝国名存实亡。公元476年，日耳曼雇佣军的首领奥多雅克废黜了西罗马最后一个皇帝罗慕洛·奥古斯都，西罗马帝国灭亡。欧洲民族大迁徙至此结束。

由匈奴西迁引发的这场历时几个世纪的民族大迁徙，不仅打破了亚欧大陆南耕北牧的传统格局，突破了地域间的封闭，而且还加强了亚欧大陆各地区、各民族间的经济文化交流和民族融合，奠定了现代亚欧大陆主要民族和国家的基础，从而形成了世界历史的新格局和新版图。

维京人的航海旅行

早在公元 793 年，维京人就开始掠夺苏格兰和荷兰沿岸的海岛。到了公元 850 年，他们来到了爱尔兰，并且在那里定居。约公元 860 年，维京水手们发现了冰岛，并在此后定居于此。公元 982 年，埃里克·瑟凡森（或称作“红发埃里克”）发现了格陵兰岛冰层边缘海岸，并鼓励人们在岛上定居，公元 986 年，他带领 400 名殖民者定居在那里。约公元 1000 年，他的儿子对北美海岸进行了探索，他抵达了海鲁岛（今天的巴芬岛）和马克岛（拉布拉多），此后，就在一个被他称作文兰的地方过冬。人们估计文兰确切的位置应该在南拉布拉多和新泽西州之间的某地。大约在 1 年后，他带着一群人来到纽芬兰岛沿海地区，建立了雷安色奥克斯米都居住区。但是这些不速之客的到来遭到了被维京人称为“蛮夷”的当地土著的强烈排斥，他们赶走这些入侵者。

维京人同样突袭了欧洲大陆。他们沿着

维京人长船底宽，排水量相对小，非常适合在近海岸、河口以及内陆河流中航行。

欧洲的主要河道逆流而上，两次洗劫了法国巴黎——分别在公元845年和856年。他们建立了贸易路线和定居点，并于公元911年占领法国北部诺曼底直到约1000年。他们也同样在爱尔兰、英格兰、丹麦、德国以及俄国定居。

维京人称霸海上的秘密是他们非凡的有开敞式船身的长船，这种船圆滑而快速，具有两头尖翘的船身和坚固的、装有巨大方形船帆的桅杆。船的两侧都有一整排的桨，可以在靠近海岸或者在河口等无法使用帆的地方控制船的航行。桨还可以在海战中加快船速。在船的右侧还有单支的掌桨。人们将长船中体形最大的称为“德里卡”或“龙船”，因为在这条船的两头都有雕刻的龙头像。制船者将直的橡木板叠放，再用铁钉固定，形成船身的侧面，而船体的内部结构则是按照船形，用仔细挑选的符合船形曲度的树枝锯成的坚硬的木板做成的。船帆是一张羊毛织物，这种帆在暴风雨中被浸透后就变得极难控制。长途远航时，船员们就蜷在兽皮做的睡袋里睡在开敞的甲板上。他们的食物是腌制晒干的鱼肉。除了带上他们常喝的蜂蜜酒（一种用发酵蜂蜜制作的酒精饮料）外，他们必须带足淡水。

我们现在对维京人长船的了解基本上来自沉船残骸，譬如公元834年在挪威奥斯堡制造的一艘用于葬礼的长船。在葬礼中，多名船工将这条长21.6米的长船拖上岸，然后将船放入一个浅槽中。哀悼者将死者的尸身装进一个原木棺材中，然后把棺材两头随葬的家私炊具在船甲板上一字排好。最后用石土覆盖整条船，在船的最顶部种上草皮。这座奇特而又宏大的坟墓静静地沉睡了上千年。

法兰克王国

公元1世纪，法兰克人居住在莱茵河的下游。公元406年，法兰克人随同西哥特人、勃艮第人一起进入罗马帝国的高卢地区（今法国境内）。公元481年，克洛维成为法兰克人的军事首领，经过多年征战，法兰克开始走向强大。到公元511年克洛维去世时，法兰克王国已将罗马高卢的大部分地区征服。

公元800年圣诞日，教皇利奥三世在罗马圣彼得教堂为查理加冕称帝，宣称这个外族首领为“伟大的罗马人皇帝”，标志着西欧基督教化即罗马和日耳曼的融化基本完成。有人认为查理大帝的加冕标志着神圣罗马帝国的开端，然而大多数人还是认为那时的帝国应该叫作法兰克帝国。

在征服的过程中，占领罗马皇室领地的法兰克国王将其作为奖赏，赐予他的廷臣、将军、亲信、教会和修道院。这些新兴法兰克地主与被保留下来的高卢罗马大地主一起，构成了法兰克国家的地主阶级。法兰克地主阶级的发展历程，同时也是自由农民丧失土地沦为依附农民的历程。代表地主阶级利益的封建统治者将封建化的成果以法律的形式肯定下来，这就构成了法兰克封建化的一条主线。这一过程可分如下三个阶段：

第一阶段是内战时期（公元 511 ~ 714 年）。这个时期的特征是王权衰弱，社会动荡不安。长期的战争破坏使较脆弱的自由农民只好投身于大地主的门下，法兰克的封建生产关系也由此产生，其结果是大土地所有制的成长和自由农民逐渐沦为依附农民。

第二阶段是宫相查理·马特的采邑制改革时期（公元 714 ~ 741 年）。他下令将土地作为“采邑”进行分封，但受封者必须以服骑兵役为条件，且不得世袭。这一改革取得了明显成效：加强了法兰克王国的军事力量。促进了法兰克封建生产关系的发展。

第三阶段是加洛林王朝时期（公元 751 ~ 987 年）。公元 751 年，宫相丕平发动政变并登上了王位，建立了加洛林王朝。这个王朝在查理曼统治时期（公元 768 ~ 814 年），通过开疆拓土，形成了一个版图广大、民族众多的帝国，史称查理曼帝国。

查理曼，又被称为查理，他从小在宗教环境下长大，对基督教极为虔诚，但没有受过良好的文化教育。他的父亲丕平在公元 751 年创建加洛林王国时，他才 9 岁。公元 768 年，他的父亲患水肿病死于巴黎，留下了查理曼和卡洛曼两个儿子，法兰克人召开民众大会，选举这两兄弟为国王，平分全部国土。但卡洛曼放弃了对王国的监管，进修道院当了僧侣，3 年后去世。公元 771 年，经全体法兰克人同意，查理曼被拥戴为唯一的国王。

查理曼统治法兰克王国时期，开始了大规模的领土扩张行动。他一生共发动了 50 多次远征，并亲自参加了 30 次远征。其中最长的一次战争，是对北方撒克逊人的征服。他以传播基督教为借口，从公元 772 年起，先后发动 8 次进攻，时间长达 33 年，最终征服了撒克逊人，使他们成为法兰克王国的臣民。通过几十年的征战，法兰克王国扩大到了相当于今天的法国、瑞士、荷兰、比利时、奥地利以及德国、意大利的大部分地区，成为当时西欧空前强大的国家。800 年，查理曼进军罗马，援救被罗马贵族驱逐的教皇利奥三世，并被教皇加冕为"罗马皇帝"。从此，法兰克王国成为"查理曼帝国"，查理曼则成为"查理大帝"。他把自己的帝国当做古代罗马帝国的继续，查理曼的加冕被一些历史学家认为它标志着神圣罗马帝国的诞生。

查理曼对基督教极为热诚和虔信，在他统治时期，下令教会

·采邑制·

采邑制是中世纪早期西欧的一种封建土地所有制。墨洛温王朝末期由于大土地所有制的发展，自由农大量破产，国家无可用之兵，中央的政治、经济、军事力量衰落。公元 8 世纪 30 年代，宫相查理·马特改变无条件分赠土地的办法，实行采邑制。没收叛乱贵族和部分教会土地封给官员和将领，受封者必须服兵役和履行封臣义务，而且只限本人，不得世袭。双方如有一方死亡，或封臣不履行义务，分封关系终止。如愿继续以前的关系，必须重新分封。通过采邑制，建立了以土地关系为纽带的国王与受封者之间的主从关系，加速了自由农民的农奴化进程，为形成阶梯式的封建等级制奠定了基础。骑兵逐渐代替步兵，兴起骑士阶层，中小地主力量加强，且提高了国家的政治与军事力量。公元 9 世纪以后，采邑逐渐变成世袭领地。

和寺院办学，在宫中成立学院，广泛招聘僧侣学者前来讲学。他还从中等人家和低微门第人家中挑选子弟，与富贵子弟共同接受教育。甚至任命出身贫穷，学习优异的青年教士为主教。在定都阿亨后，他大兴土木，修建了许多金碧辉煌的宫殿和教堂。随着建筑的兴盛，绘画、雕刻等艺术也有所发展。查理曼还派人搜集和抄写了许多拉丁文和希腊文手稿，虽然他对抄本内容一无所知，但却为后代保留了许多古典作家的著作。公元 814 年，查理曼去世，终年 70 岁。其子路易即位后，力图继续维护统一。但是随着地方封建主独立地位的加强，王权逐渐衰弱，中央政权已无力控制局面。公元 817 年，路易将帝国疆土分给自己三个儿子：罗退尔、丕平、路易。后来在疆土分配问题上，父子反目，父子、兄弟之间展开了骨肉相残的斗争，法兰克王国陷入内乱之中。在战争中，国王路易和其次子相继死去，形成了罗退尔、路易、查理兄弟三人争夺疆土的局面。

当时，罗退尔的势力最强，统治着中部地区；东部日耳曼人地区被路易统治；查理统治着西部地区。兄弟之间相互攻击，战乱不断。

公元 843 年，兄弟三人开始和谈，三方正式签订《凡尔登条约》，将帝国分为三部分：今日的德国西部分给路易，称日耳曼；今日的德国属查理，称法兰西；路易和查理之间加上意大利中、北部留给了罗退尔。条约还规定，罗退尔沿袭皇帝称号。至此，兄弟相残的局面才告结束。

罗退尔死后，他的三个儿子又瓜分了他的领土，长子统治意大利，次子统治洛林，小儿子得到普罗旺斯。